Arthur Machen
Der Große Pan

W0407640

SERIE PIPER
Band 1404

Zu diesem Buch

Diese zwei zusammenhängenden Erzählungen legten 1894 den Grundstein zu Machens Ruhm. Wie in »Furcht und Schrecken« tritt hier das utopische Moment in den Vordergrund, das Machen in unserem Zeitalter gefährlicher technisch-wissenschaftlicher Utopien so aktuell macht. In beiden Geschichten lassen sich Forscher auf grausige und riskante wissenschaftliche Versuche ein, die tragisch enden.

Arthur Machen, eigentlich Arthur Llewellyn Jones, wurde 1863 als Sohn eines Geistlichen in Caerleon-on-Usk in der walisischen Grafschaft Monmouthshire geboren. In Einsamkeit aufgewachsen, ging er zum Studium der Medizin nach London, brach es aber, abgestoßen vom Chauvinismus und der Brutalität seiner Kommilitonen, nach wenigen Semestern ab. Ab 1881 lebte er in London, schlug sich als Übersetzer (Rabelais, Margarete von Navarra) durch. Literarischen Ruhm gewann er 1894 mit »Der Große Pan«. Zeitweise gehörte er dem okkultistischen »Hermetic Order of the Golden Dawn« an, zu dessen prominentesten Mitgliedern Aleister Crowley, der Begründer des modernen Satanismus, und William Butler Yeats zählten. Später schloß er sich einer reisenden Schauspieltruppe an und arbeitete daneben als Zeitungsschreiber, dessen Literatur- und Theaterkritiken gefürchtet waren. Eine Attacke auf Lord Alfred Douglas, den ehemaligen Geliebten Oscar Wildes, beendete allerdings seine Karriere als Journalist. Arthur Machen starb 1947 in Beaconsfield.

Arthur Machen

Der Große Pan

Erzählungen

Aus dem Englischen von
Joachim Kalka

Piper
München Zürich

Die Originalausgabe erschien 1926 unter dem
Titel »The Great God Pan« bei Allan Lane, London.

Arthur Machen: Werke in sechs Bänden
1. Furcht und Schrecken. Roman (SP 1401)
2. Botschafter des Bösen. Roman (SP 1402)
3. Die weißen Gestalten. Erzählungen (SP 1403)
4. Der große Pan. Erzählungen (SP 1404)
5. Der Berg der Träume. Ein Künstlerroman
(erscheint im Winter 1994/95)
6. Der verborgene Sieg. Roman (erscheint im Sommer 1995)

ISBN 3-492-11404-0
Deutsche Erstausgabe
April 1994
© The Estate of Arthur Machen
Deutsche Ausgabe:
© R. Piper GmbH & Co. KG, München 1994
Umschlag: Federico Luci,
unter Verwendung einer Zeichnung von Heinz Lauer
Gesamtherstellung: Clausen & Bosse, Leck
Printed in Germany

Inhalt

DER GROSSE PAN 7

Das Experiment 9
Mr. Clarkes Aufzeichnungen 19
Die Stadt der Wiederauferstehungen 29
Der Fund an der Paul Street 39
Der Brief mit dem guten Rat 47
Die Selbstmorde 55
Die Begegnung in Soho 67
Die Fragmente 77

DAS INNERSTE LICHT 85

DER GROSSE PAN

Das Experiment

»Ich bin froh, daß Sie gekommen sind, Clarke, sehr froh. Ich war mir nicht sicher, ob Sie die Zeit finden.«

»Ich konnte ein paar Tage weg; es ist im Augenblick nicht allzuviel zu tun. Aber – haben Sie keine Befürchtungen, Raymond? Ist es denn ganz sicher?«

Die beiden gingen langsam auf der Terrasse vor Dr. Raymonds Haus auf und ab. Die Sonne hing noch im Westen über dem Bergkamm, aber sie schien mit stumpfem rotem Leuchten, das keinen Schatten warf, und die Luft war ganz still. Ein guter Geruch drang aus dem großen Wald am Hang über ihnen, und mit ihm kam in Abständen der leise Murmelruf der Wildtauben. Drunten in dem schön hingestreckten Tal wand sich der Fluß zwischen den einsamen Hügeln, und wie die Sonne im Westen stand und zögerte, ob sie untergehen sollte, begann ein feiner Nebel, reines Weiß, von den Ufern aufzusteigen. Dr. Raymond drehte sich mit einem Ruck zu seinem Freund.

»Sicher? Natürlich ist es das. In sich ist die Operation vollkommen simpel. Jeder Chirurg könnte das.«

»Und es gibt keine Gefahr in irgendeinem anderen Stadium?«

»Keine. Überhaupt keinerlei physische Gefahr, ich gebe Ihnen mein Wort. Sie waren schon immer ängstlich, Clarke, immer; aber Sie kennen meine Lebensgeschichte. Ich habe meine letzten zwanzig Jahre der Transzendentalmedizin gewidmet. Ich habe mich Quacksalber und Scharlatan und Betrüger nennen hören, aber die ganze Zeit wußte ich, daß ich auf dem richtigen Weg bin. Vor fünf Jahren habe ich das Ziel erreicht, und seitdem war jeder Tag eine Vorbereitung für das, was wir heute abend tun werden.«

»Ich wollte gerne glauben, daß all das wahr ist.« Clarke runzelte die Stirn und sah Dr. Raymond unsicher an. »Sind Sie sich wirklich sicher, Raymond, daß Ihre Theorie am Ende nicht eine – Phantasmagorie ist, eine herrliche Vision zweifellos, aber trotzdem eben doch nur eine Vision?«

Dr. Raymond blieb stehen und drehte sich abrupt herum. Er war ein Mann mittleren Alters, hager, dünn, von gelblichblassem Teint, doch als er nun Clarke ansah und ihm antwortete, waren seine Wangen gerötet.

»Sehen Sie sich um, Clarke! Sie sehen die Berge, ein Hügel folgt dem anderen wie Welle auf Welle, Sie sehen die Wälder und die Obstgärten, die reifen Kornfelder und die Wiesen, die ins Schilf am Flußufer abfallen. Sie sehen mich hier neben sich stehen, Sie hören meine Stimme. Aber ich sage Ihnen, all das – ja, alles von dem Stern, der uns eben noch beschienen hat bis zu der festen Erde unter unseren Füßen – ich sage Ihnen, all dies sind nur Träume und Schatten: die Schatten, welche die wahre Welt vor unsern Augen verbergen. Es *gibt* eine wirkliche Welt, aber sie liegt hinter diesem Glanz und diesem Schein, hinter all den ›Jagden auf Gobelins, Träumen in vollem Lauf‹! Dahinter wie hinter einem Schleier. Ich weiß nicht, ob je ein Mensch den Schleier gelüftet hat, aber das weiß ich, Clarke: Sie und ich werden sehen, wie er sich hebt, vor unseren Augen, den Ihren und meinen. Sie mögen all das für seltsamen Nonsens halten – seltsam mag es sein, doch es ist wahr, und die Alten wußten, was es heißt, den Schleier zu lüften. Sie nannten es: den Gott Pan erblicken.«

Clarke erschauerte; der weiße Nebel, der sich über dem Fluß zusammenzog, war kühl.

»Es ist etwas sehr Wundersames«, sagte er. »Wir stehen am Rande einer fremden Welt, Raymond, wenn es wahr ist, was Sie sagen. Das Messer ist wohl absolut notwendig?«

»Ja – eine winzige Läsion der grauen Substanz, das ist alles; eine geringfügige Versetzung bestimmter Zellen, eine mikroskopische Änderung, die der Aufmerksamkeit von neunundneunzig Gehirnchirurgen im Hundert entginge. Ich will Sie nicht mit Fachsimpeleien langweilen, Clarke. Ich könnte

Ihnen eine Menge technischer Einzelheiten erzählen, und es würde sich alles sehr eindrucksvoll anhören – und Sie wären so klug wie zuvor. Aber ich nehme an, daß Sie etwas davon gelesen haben, beiläufig, in entlegenen Ecken Ihrer Zeitung, daß man in letzter Zeit immense Fortschritte auf dem Gebiet der Gehirnphysiologie gemacht hat. Ich habe kürzlich einen kleinen Artikel über Digbys Theorie und Browne Fabers Entdeckungen überflogen. Theorien, Entdeckungen! Wo die jetzt stehen, stand ich schon vor fünfzehn Jahren, und ich brauche Ihnen nicht zu erzählen, daß ich die letzten fünfzehn Jahre nicht müßig gewesen bin. Es mag genügen, wenn ich sage, daß mir vor fünf Jahren die Entdeckung gelungen ist, auf die ich mich bezog, als ich sagte, ich hätte das Ziel erreicht. Nach Jahren der Mühe, nach Jahren des Fronens und Tastens im Dunkeln, nach Tagen und Nächten voll Enttäuschung und manchmal Verzweiflung, da ich oft erzittert bin, weil es mich kalt überlief bei dem Gedanken, daß auch andere vielleicht auf derselben Suche waren, endlich nach so langer Zeit durchrann meine Seele ein freudiges Aufblitzen, und ich wußte: Die lange Reise hatte ein Ende. Was mir damals ein Zufall schien – und mir noch jetzt so erscheint –, der Einfall eines müßigen Augenblicks, weiterverfolgt auf vertrauten Bahnen und hundertmal schon abgeschrittenen Wegen, das ließ eine große Wahrheit über mich hereinbrechen, und ich sah, von Licht umrissen, die Karte einer ganzen Welt, einer unbekannten Sphäre; Kontinente und Inseln, und große Ozeane, die noch, so glaube ich, von keinem Menschen je befahren worden sind, seit der erste den Blick aufgehoben und die Sonne gesehen hat und die Sterne des Himmels und die stille Erde drunten. Das wird Ihnen alles als verstiegene Rhetorik erscheinen, Clarke, doch ist es schwer, Worte zu finden. Trotzdem – ich weiß nicht, ob sich das, was ich andeute, nicht auch mit einfachen, ganz vertrauten Begriffen beschreiben ließe. Beispielsweise ist diese unsere Welt nun fast zur Gänze mit Telegraphendrähten und Kabeln umgeben – der Gedanke fliegt fast mit Gedankenschnelle vom Aufgang zum Niedergang der Sonne, von Nord nach Süd, über die Meeresflut und die Einöden. Gesetzt den Fall, ein heutiger Elektroingenieur würde plötzlich erkennen, daß er und seine Freunde nur mit Kieselsteinen gespielt und sie für die Säulen der Welt gehalten haben; nehmen wir an, er sähe den weltenfernsten Raum dem Energiestrom geöffnet und Menschenworte zuckten mit Blitzeseile zur Sonne und über die Sonne hinaus in Sternensysteme jenseits der unseren, und die Stimmen der Menschen hallten deutlich wider in der öden Leere, die unser Denken umschlossen hält. Als notwendig unzulängliche Analogie ist dies doch ein gutes Bild für das, was ich vollbracht habe. Sie verstehen nun ein wenig von dem, was ich empfand, als ich eines Abends hier stand – es war ein Sommerabend, das Tal sah ganz so aus wie jetzt, ich stand hier und sah vor mir den unaussprechlichen, den unerdenklichen Abgrund zwischen zwei Welten: zwischen jener der Materie und der des Geistes. Ich sah die große, tiefe Leere sich grauverhüllt vor mir erstrekken, und in diesem Augenblick sprang eine Brücke von der Erde hinüber zum Rand des Unbekannten, und der Abgrund war überwunden! Sie können im Buch von Browne Faber nachschlagen, wenn Sie möchten, und da werden Sie sehen, daß die Wissenschaftler bis zum heutigen Tage nicht wissen, wie sie sich das Auftreten einer bestimmten Gruppierung von Nervenzellen im Gehirn erklären oder welche Funktion sie ihr zuweisen sollen. Diese Zellen sind, sozusagen, zu verpachtendes Land, ein leeres Terrain für phantastische Theorien. Ich befinde mich nicht in der mißlichen Lage wie Browne Faber und die Spezialisten, ich bin vollkommen orientiert über die Rolle, welche jene Nervenzentren in der Ordnung der Dinge spielen könnten! Mit einer leichten Berührung kann ich sie anregen, mit einer bloßen Berührung, sage ich, kann ich den Strom freisetzen, kann ich diese Welt der Sinne kommunizieren lassen mit –: wir werden diesen Satz später beenden können. Ja, das Messer ist notwendig, doch bedenken Sie, was dieses Messer vermag! Es wird die starre Mauer der Sinnenwelt ganz und gar einreißen, und wahrscheinlich zum ersten

Mal seit der Erschaffung des Menschen wird ein geistiges Wesen die Geisterwelt schauen. Clarke, Mary wird den Großen Pan sehen!«

»Aber Sie wissen doch noch, was Sie mir schrieben? Ich dachte, es wäre notwendig, daß sie ...«

Er flüsterte den Rest dem Doktor ins Ohr.

»Durchaus nicht, durchaus nicht. Das ist Unsinn, ich versichere es Ihnen. Tatsächlich ist es besser so, wie es ist, dessen bin ich mir gewiß.«

»Überlegen Sie es sich gut, Raymond. Es ist eine große Verantwortung. Es kann etwas fehlschlagen, und Sie hätten sich für den Rest Ihres Lebens unglücklich gemacht.«

»Nein. Wohl kaum. Selbst wenn das Schlimmste geschähe – wie Sie wissen, habe ich Mary als Kind aus der Gosse geholt und sie vor dem beinahe sicheren Hungertod gerettet. Ich glaube, ich kann ihr Leben gebrauchen, wie es mir richtig erscheint. Kommen Sie, es ist schon spät, wir gehen besser hinein.«

Dr. Raymond ging voran ins Haus, durch die Diele und durch einen langen dunklen Korridor. Er holte einen Schlüssel aus der Tasche und öffnete eine schwere Tür, um Clarke dann in sein Laboratorium zu winken. Früher war hier ein Billiardzimmer gewesen, und von der Decke hing noch eine runde Lampenkugel, die ein traurig-graues Licht auf den Doktor warf, als er eine andere Lampe mit einem massiven Schirm anzündete und auf einen Tisch in der Mitte des Raumes stellte.

Clarke sah sich um. Kaum ein Fußbreit der Wände war leer. Überall standen Regale voller Flaschen und Phiolen in allen Formen und Farben, und an einem Ende war ein kleiner Chippendale-Bücherschrank. Raymond deutete zu ihm hinüber.

»Sehen Sie diesen Pergamentband von Oswald Crollius? Das war einer der ersten, die mich auf den Weg gebracht haben, obwohl ich nicht glaube, daß er selber ihn je gefunden hat. Einer seiner sonderbaren Sätze lautet: ›In jedem Weizenkorn ist die Seele eines Sterns verborgen.‹«

Sonst war das Laboratorium sparsam möbliert. Der Tisch in der Mitte, ein großer Steinquader, dessen Platte in einer Ecke einen Abfluß hatte, die beiden Sessel, in denen Raymond und Clarke saßen: Das war alles, einen seltsam aussehenden Stuhl im entferntesten Winkel des Raumes ausgenommen. Clarke schaute ihn an und zog die Augenbrauen hoch.

»Ja, das ist der Stuhl«, sagte Raymond. »Wir können ihn auch gleich aufstellen.« Er erhob sich und rollte den Stuhl ins Licht, um ihn dann höher und tiefer zu stellen, den Sitz herunterzulassen, den Rücken in verschiedenen Winkeln zu adjustieren und die Fußstütze einzurichten. Es sah bequem genug aus, und Clarke strich mit der Hand über den weichen grünen Samt, während der Doktor an den Hebeln hantierte.

»Jetzt, Clarke, machen Sie es sich nur bequem. Ich habe noch ein, zwei Stunden Arbeit vor mir; ich mußte bestimmte Dinge bis zum Schluß aufschieben.«

Raymond ging zu der steinernen Arbeitsplatte hinüber, und Clarke sah ihm düster zu, wie er sich über eine lange Reihe Phiolen beugte und die Flamme unter dem Schmelztiegel entzündete. Der Doktor hatte eine kleine Lampe, wie die größere mit einem Schirm versehen, auf einem Sims über seinen Apparaturen stehen, und Clarke, der im Schatten saß, schaute in den großen düsteren Raum und betrachtete fast verwundert die bizarren Licht- und Schatteneffekte, wo die gleißende Beleuchtung und die ungestalte Dunkelheit aufeinandertrafen. Bald wurde er sich eines eigenartigen Geruches bewußt, der zuerst nur als leiseste Andeutung den Raum erfüllte; als er deutlicher wurde, erstaunte es Clarke, daß er sowenig an eine Apotheke oder an das Behandlungszimmer eines Arztes erinnerte. Müßig begann er, den Sinneseindruck zu analysieren, und halb unbewußt brachte ihn dieser Versuch dazu, sich an einen Tag vor fünfzehn Jahren zu erinnern, den er in der Nähe seines alten Wohnsitzes verbracht hatte, herumstreifend in den Wäldern und Wiesen. Es war ein brennendheißer Tag Anfang August gewesen, die Hitze hatte die Umrisse aller Dinge verwischt und alle Entfernungen in einen schwachen Dunst gehüllt, und die Leute, die es gewohnt waren, das Thermometer zu konsultieren, redeten von einer abnormen Anzeige, einer fast tropischen Temperatur. Seltsam stieg dieser wunderbar heiße Tag des Jahres 185– in Clarkes Phantasie empor; die Empfindung eines blendenden, alles durchdringenden Sonnenlichts schien die Schatten und den Lampenschein des Laboratoriums auszulöschen, und er spürte wieder, wie die erhitzte Luft um sein Gesicht wallte, sah die zitternde Wärme aus der Grasnarbe emporsteigen und hörte das myriadenfache Wispern des Sommers.

»Ich hoffe, der Geruch irritiert Sie nicht, Clarke – es ist nichts Ungesundes daran. Sie werden höchstens ein wenig schläfrig davon.«

Clarke hörte die Worte durchaus deutlich und wußte, daß Raymond zu ihm sprach, doch hätte er um nichts in der Welt vermocht, sich aus seiner Lethargie zu lösen. Er konnte nur an jene einsame Wanderung vor fünfzehn Jahren denken; das war sein letzter Blick auf die Felder und Wälder gewesen, die er seit seiner Kindheit gekannt hatte, und nun stand dies alles in strahlendem Licht wie ein Bild wieder da. Vor allem drang der Duft des Sommers ihm in die Nase, der Geruch der durcheinanderwachsenden Blumen, die Witterung von Wäldern, von kühlen Schattenorten tief in grünen Tiefen, hervorgelockt von der Sonnenhitze; und der Duft der guten Erde, die wie mit ausgebreiteten Armen und lächelnden Lippen dalag, überwältigte alles. Seine Träumerei ließ ihn nun von den Wiesen in den Wald hinein wandern, so, wie er vor langer Zeit gegangen war, er bahnte sich einen kleinen Pfad durch das glänzende Unterholz der jungen Buchen. Das Rieseln des aus den Kalksteinfelsen rinnenden Wassers klang durch seinen Traum als klare Melodie. Die Gedanken schweiften ab und vermengten sich mit anderen Erinnerungen, der Buchenweg verwandelte sich zu einem Pfad unter Steineichen, und hier und da stieg eine Weinranke von Ast zu Ast, entsandte gewundene Schlingen und sank unter purpurnen Trauben nieder, und die kargen graugrünen Blätter eines wilden Olivenbaumes hoben sich vor den dunklen Schatten der Eichen ab. Clarke erkannte, tief in die Falten des Traumgewebes versunken, daß der Weg von seinem Vaterhaus ihn in ein unbekanntes Land geführt hatte, und verwunderte sich der ganzen Seltsamkeit, als plötzlich an Stelle des sommerlichen Summens und Wisperns eine unendliche Stille sich auf alle Dinge herabzusenken schien, der Wald schwieg, und er einen Moment lang von Angesicht zu Angesicht mit etwas Gegenwärtigem stand, das weder Mensch noch Tier war, nicht zu den Lebenden zählte noch zu den Toten, sondern eine Vermischung aller Dinge war, die Form von allem, doch ohne alle Form. Und in diesem Moment löste sich das Sakrament von Leib und Seele auf, und eine Stimme schien zu rufen: »Laßt uns hinweggehen!«, und dann die Dunkelheit der Dunkelheit hinter den Sternen, die Dunkelheit, immerwährend.

Als Clarke zusammenfuhr und erwachte, sah er Raymond ein paar Tropfen einer öligen Flüssigkeit in eine grüne Phiole gießen, die er dann sorgfältig mit einem Stöpsel verschloß.

»Sie waren eingenickt«, sagte er, »die Reise hat Sie wohl ermüdet. Jetzt ist alles getan. Ich werde Mary holen, ich bin in zehn Minuten wieder hier.«

Clark lehnte sich in seinen Sessel zurück und hing erstaunten Gedanken nach. Es schien, als sei er nur von einem Traum in einen anderen getreten. Halb wartete er darauf, die Wände des Laboratoriums zergehen und verschwinden zu sehen, um in London zu erwachen, mit einem leisen Schaudern über die Phantastereien seines Schlafes. Aber endlich ging die Tür auf, der Doktor kam zurück, und hinter ihm ging ein etwa siebzehn Jahre altes Mädchen, ganz in Weiß gekleidet. Es war so schön, daß Clarke sich nicht mehr wunderte über das, was der Doktor ihm geschrieben hatten. Ein Erröten färbte jetzt ihr Gesicht, ihren Hals und ihre Arme, doch Raymond schien ungerührt.

»Mary«, sagte er, »die Zeit ist gekommen. Du kannst völlig

frei entscheiden. Bist du bereit, dich mir ganz anzuvertrauen?«

»Ja, Lieber.«

»Hören Sie, Clarke? Sie sind mein Zeuge. Hier ist der Stuhl, Mary. Es geht ganz leicht. Setz dich nur und lehn dich zurück. Bist du bereit?«

»Ja, Lieber, ganz bereit. Gib mir einen Kuß, ehe du anfängst.«

Der Doktor neigte sich hinab und küßte sie, freundlich genug, auf den Mund. »Nun schließ die Augen«, sagte er. Das Mädchen tat die Lider zu, als sei es müde und sehne sich nach Schlaf, und Raymond hielt ihm die grüne Phiole vor das Gesicht. Die Züge wurden bleich, weißer als das Kleid; die junge Frau sträubte sich schwach, und dann, in sich das mächtige Gefühl, sie müsse sich gefügig zeigen, kreuzte sie die Arme auf der Brust wie ein kleines Kind, das sich anschickt zu beten. Das helle Lampenlicht schien direkt auf sie, und Clarke beobachtete die Veränderungen in ihrem Gesicht wie die auf den Hügeln, wenn die Sommerwolken an der Sonne vorbeiziehen. Und dann lag sie ganz weiß und still, und der Doktor zog eines ihrer Augenlider hoch. Sie war ohne Bewußtsein. Raymond drückte fest auf einen Hebel, und der Stuhl sank sogleich zurück. Clarke sah, wie er auf einem kreisförmigen Fleck ihr Haar abschnitt, wie eine Tonsur, und die Lampe wurde näher herangeholt. Raymond nahm ein blinkendes kleines Instrument aus einem Kästchen, und Clarke wandte sich erschauernd ab. Als er wieder hinsah, verband der Doktor die Wunde, die er dem Mädchen zugefügt hatte.

»Sie wird in fünf Minuten erwachen.« Raymond war immer noch völlig kühl und gelassen. »Es gibt nun nichts mehr zu tun. Wir können nur warten.«

Die Minuten gingen langsam vorüber; sie konnten ein schleppendes, schwerfälliges Ticken hören. Im Korridor stand eine alte Standuhr. Clarke war es schwindlig und fast schlecht; seine Knie zitterten, kaum konnte er stehen.

Plötzlich hörten sie, aufmerksam wartend, einen langen

Seufzer, plötzlich trat die verschwundene Farbe wieder in die Wangen der Frau, und plötzlich taten sich ihre Augen auf. Clarke schrak vor ihrem Anblick zurück. Sie erglänzten von einem schrecklichen Leuchten, sie sahen in eine weite Ferne, und ein großes Erstaunen kam über das Gesicht des Mädchens, seine Hände streckten sich aus, wie um ein Unsichtbares zu berühren. Doch im Augenblick verging das Staunen, und an seine Stelle trat das furchtbarste Entsetzen. Die Muskeln des Gesichts verzerrten sich schrecklich, der Leib bebte von Kopf bis Fuß, die Seele schien in ihrem fleischlichen Gebäude zu ringen und zu schaudern. Es war ein fürchterlicher Anblick, und Clarke sprang hinzu, als die junge Frau gerade kreischend zu Boden stürzte.

Drei Tage später führte Raymond Clarke an Marys Bett. Sie war ganz wach, sie lag da und ließ den Kopf hin- und herrollen, mit einem leeren Grinsen.

»Ja«, sagte der Doktor, noch immer kühl und gelassen, »es ist jammerschade, sie ist eine hoffnungslose Idiotin. Doch es war nichts zu machen, und schließlich hat sie den Großen Pan gesehen.«

Mr. Clarkes Aufzeichnungen

Mr. Clarke, der Gentleman, den Dr. Raymond auserwählt hatte, Zeuge des seltsamen Experiments mit dem Gotte Pan zu werden, war ein Mann, in dessen Charakter Vorsicht und Neugier sich seltsam vermählten. In seinen nüchternen Augenblicken dachte er mit unverhohlenem Widerwillen an das Ungewöhnliche und Bizarre, und doch saß tief in seinem Herzen eine großäugige Schaulust, die von all dem angezogen wurde, was an der Menschennatur zum Verborgeneren, Geheimeren zählte. Letztere Neigung hatte die Oberhand, als er Raymonds Einladung annahm, denn obwohl sein vernünftiges Urteil stets die Theorien des Doktors als wildesten Nonsens verwarf, delektierte er sich doch insgeheim am Glauben an das Phantastische und hätte mit Freuden diesen Glauben bestätigt gesehen. Die Schrecken, derer er in dem düsteren Laboratorium ansichtig wurde, waren bis zu einem gewissen Grade heilsam. Er war sich dessen bewußt, in eine etwas zwielichtige Angelegenheit verwickelt zu sein, und während vieler Jahre danach hielt er sich tapfer an das Alltägliche und mied alle Gelegenheiten zu okkulter Nachforschung. Tatsächlich besuchte er – einer Art homöopathischem Prinzip folgend – eine Zeitlang die Séancen bekannter Medien in der Hoffnung, daß die unbeholfenen Tricks dieser Herren ihm zu einer allgemeinen Abneigung gegen jeglichen Mystizismus verhelfen würden, doch diese kaustische Therapie war trotzdem nicht wirksam: Clarke wußte, daß er sich immer noch nach dem Niegesehenen sehnte, und nach und nach trat die alte Leidenschaft wieder in ihre Rechte, während das Antlitz Marys, wie es sich in unsagbarem Entsetzen zuckend verkrampfte, langsam aus seiner Erinnerung schwand. Tagsüber stets mit ernsthaften und einträglichen Geschäften befaßt, fand er abends die Versuchung groß, sich zu erholen – insbesondere in den Wintermonaten, wenn das Feuer seine behagliche Junggesellenwohnung mit seiner warmen Glut erhellte und eine Flasche erlesenen Rotweins neben seinem Ellbogen bereitstand. Hatte er sein Abendessen bewältigt, spielte er sich kurz vor, die Lektüre der Abendzeitung interessiere ihn. Doch der kahle Katalog der Neuigkeiten war ihm rasch langweilig, und er ertappte sich dabei, wie er Blicke der Begehrlichkeit auf einen alten japanischen Sekretär warf, der in angenehmer Entfernung vom Kamin stand. Wie ein kleiner Junge vor dem Schrank, in dem die Marmeladen stehen, zögerte Clarke erst unentschlossen ein paar Minuten lang, bis dann stets das Gelüste siegte und er schließlich seinen Stuhl heranzog, eine Kerze anzündete und sich vor dem Sekretär niederließ. Dessen Fächer und Schubladen quollen über von Dokumenten mit morbidestem Inhalt, und auf der Schreibplatte ruhte ein großer Band in Clarkes Handschrift, in den er mit mühsamer Sorgfalt die Perlen seiner Sammlung übertragen hatte. Clarke empfand eine großartige Verachtung für veröffentlichte Literatur; die gespenstischste Geschichte hörte auf, ihn zu interessieren, war sie denn einmal im Druck erschienen; sein einziges Vergnügen lag im Überlesen, Kompilieren, Anordnen und Neuordnen seiner von ihm so genannten »Aufzeichnungen zum Beweis der Existenz des Teufels«, und bei dieser Tätigkeit schien der Abend zu verfliegen, und die Nacht war zu kurz.

Eines Abends in einer gemeinen Dezembernacht, schwarz vor Nebel und beißend kalt, beeilte sich Clarke mit seinem Abendessen und ließ sich kaum einen Moment zu seinem gewohnten Ritual herbei, in welchem die Abendzeitung vorgenommen und wieder weggelegt wurde. Er ging zwei-, dreimal im Zimmer auf und ab, öffnete den Sekretär, stand einen Moment lang still und setzte sich dann. Er lehnte sich zurück, gefangen in einer jener Träumereien, wie sie ihn überkamen, und endlich zog er sein Buch hervor und schlug es bei der letzten Eintragung auf. Drei oder vier Seiten waren da dicht mit Clarkes rundlich-regelmäßiger Schrift bedeckt, und zu Beginn hatte er in etwas größeren Buchstaben geschrieben:

Singulärer Bericht meines Freundes Dr. Phillips. Er versichert mir, daß alle hier erzählten Begebenheiten ganz und durchaus wahr sind, lehnt es jedoch ab, die Familiennamen der betreffenden Presonen oder den Ort dieser außerordentlichen Begebenheiten zu nennen.

Mr. Clarke fing an, das Niedergelegte zum zehnten Male durchzugehen, wobei er hie und da einen Blick auf die Bleistiftnotizen warf, die er sich gemacht hatte, als sein Freund ihm alles erzählte. Zu seinen Grillen gehörte es, sich darin zu gefallen, daß er sich eine gewisse literarische Begabung zuschrieb. Er hielt viel auf seinen Stil und bemühte sich um einen dramatischen Aufbau des Mitgeteilten. Er las folgende Geschichte:

Es geht in dieser Darlegung um die Personen Helen V., eine Frau, die, falls sie noch unter den Lebenden ist, jetzt dreiundzwanzig sein muß, die mittlerweile verstorbene Rachel M., welche ein Jahr jünger war als die eben Genannte, und Trevor W., achtzehn Jahre, einen Schwachsinnigen. Sie wohnten zur Zeit der Erzählung in einem Dorf im Grenzland von Wales, zu Zeiten der römischen Besatzung ein Ort von einiger Bedeutung, doch nun ein zerstreut liegender Weiler von nicht mehr als fünfhundert Seelen. Er liegt auf einer Anhöhe, etwa sechs Meilen vom Meer entfernt, im Schutze eines ausgedehnten malerischen Waldes.

Vor etwa elf Jahren kam Helen V. unter recht sonderbaren Umständen in das Dorf. Es heißt, daß sie, eine Waise, in der Kindheit von einem entfernten Verwandten adoptiert wurde, der sie in seinem Hause aufzog, bis sie das Alter von zwölf Jahren erreicht hatte. Da er es jedoch für besser hielt, wenn das Kind Spielgefährten gleichen Alters hätte, annoncierte er in verschiedenen Lokalzeitungen nach einem guten Heim auf einem wohlversehenen Bauernhof für ein zwölfjähriges Mädchen, und auf diese Anzeige meldete sich Mr. R., ein wohlhabender Bauer in dem erwähnten Dorfe. Da seine Referenzen befriedigend waren, schickte der Herr seine Adoptivtochter zu Mr. R. – mit einem Brief, in dem er sich ausbat, daß das Mädchen ein eigenes Zimmer haben sollte, und hervorhob, daß ihre Pflegefamilie sich um ihre Erziehung nicht bekümmern bräuchte, da sie für die Stellung, die sie im Leben einnehmen würde, bereits hinreichend erzogen sei. Tatsächlich gab man Mr. R. zu verstehen, daß es dem Mädchen überlassen bleiben solle, sich ihre Beschäftigungen zu suchen und ihre Zeit mehr oder weniger nach eigenem Gutdünken zuzubringen. Mr. R. holte sie schließlich an der nächsten Bahnstation ab – in einer Stadt, die einige Meilen von seinem Hof entfernt gelegen war – und scheint an dem Kind nichts Außergewöhnliches wahrgenommen zu haben, abgesehen davon, daß sie mit Bezug auf ihr bisheriges Leben und ihren Adoptivvater kaum etwas sagte. Doch gehörte sie einem von den Bewohnern des Dorfes ganz verschiedenen Typus an: Ihre Haut war von einem blassen, klaren Olivgrau, und der scharf ausgeprägte Schnitt ihrer Gesichtszüge hatte etwas Fremdländisches. Sie scheint sich umstandslos in das Leben des Bauernhofs eingefügt zu haben und war beliebt bei den Kindern, die manchmal mit ihr im Wald umherwanderten, denn dies war ihr hauptsächliches Vergnügen. Mr. R. gibt an, es sei oft vorgekommen, daß sie sogleich nach dem zeitigen Frühstück aufbrach und erst nach der Abenddämmerung heimkehrte, und da ihn der Gedanke etwas beunruhigte, daß ein junges Mädchen soviele Stunden allein war, setzte er sich mit ihrem Adoptivvater in Verbindung, der in einem kurzen Brief zurückschrieb, Helen müsse gestattet bleiben, zu tun, was sie wolle. Im Winter, wenn die Waldwege nicht begehbar sind, verbrachte sie die meiste Zeit in ihrem Zimmer, wo sie den Anweisungen ihres Verwandten entsprechend alleine schlief. Auf einer jener Expeditionen in den Wald begab sich das erste der eigenartigen Ereignisse, die sich mit diesem Mädchen verbinden, und zwar geschah dies etwa ein Jahr nach ihrer Ankunft im Dorf. Der vorangegangene Winter war besonders streng gewesen, der Schnee hatte sich zu großen Verwehungen aufgetürmt und der Frost beispiellos lange angehalten, und der folgende Sommer war ebenso bemerkenswert seiner extremen Hitze wegen. An einem der heißesten Tage dieser Sommerzeit verließ Helen V. den Bauernhof zu einer ihrer langen Wanderungen im Wald, wobei sie wie gewöhnlich etwas Brot und Fleisch zum Mittagessen mitnahm. Einige Männer auf den Feldern sahen sie die Richtung zur alten Römerstraße einschlagen, einem grünen Höhenweg, der sich durch den höchstgelegenen Teil des Waldes zieht, und sie sahen mit Erstaunen, daß das Mädchen trotz der bereits nahezu tropischen Hitze den Hut abgenommen hatte. Wie es sich traf, war ein Arbeiter, Joseph W. mit Namen, im Wald nahe der Römerstraße beschäftigt, und um zwölf Uhr brachte sein kleiner Sohn Trevor ihm sein Essen, Brot und Käse. Nach dem Mahl verließ der Junge, der damals wohl sieben Jahre alt war, den weiterarbeitenden Vater, und ging, wie er sagte, im Wald Blumen suchen, und der Mann, der ihn dann und wann bei seinen Entdeckungen freudig rufen hörte, war nicht weiter beunruhigt. Plötzlich aber hörte er zu seinem Entsetzen fürchterliche Angstschreie, offenbar die Folge äußersten Schrekkens, aus der Richtung, in welche sein Sohn gegangen war, und er warf hastig sein Werkzeug hin und lief los, um nachzusehen, was geschehen war. Er folgte den Lauten und stieß so auf den kleinen Jungen, der blindlings daherrannte und offensichtlich furchtbar verängstigt war, und auf sein Befragen hin kam es schließlich heraus, daß der Junge, nachdem er einen Blumenstrauß gepflückt hatte, müde geworden war, sich ins Gras gelegt hatte und eingeschlafen war. Er erwachte plötzlich, wie er angab, von einem seltsamen Geräusch, einer Art Gesang, wie er sagte, und als er durch die Zweige spähte, sah er Helen V. im Gras mit einem »komischen nackten Mann« spielen, den er anscheinend nicht näher zu beschreiben wußte. Er sagte, er habe sich furchtbar geängstigt und sei weggelaufen und habe nach seinem Vater gerufen. Joseph W. ging in der von seinem Sohn bezeichneten Richtung weiter und fand Helen V. im Gras sitzen, auf einer Lichtung, die wohl Köhler hinterlassen hatten. Zornig warf er ihr vor, seinen Jungen erschreckt zu haben, doch sie bestritt den Vorwurf ganz und gar und lachte über die Geschichte des Kindes von einem »komischen Mann«, der er selbst nicht allzuviel Glauben schenkte. Joseph W. kam zu dem Schluß, daß der Junge mit einem plötzlichen Erschrecken aufgewacht war, wie es Kindern manchmal zustößt, aber Trevor blieb bei seiner Geschichte und verharrte in solcher Verängstigung, daß sein Vater ihn nach Hause brachte, in der Hoffnung, es werde seiner Mutter gelingen, ihn zu beruhigen. Doch der Junge gab seinen Eltern viele Wochen lang Anlaß zur Sorge. Er wurde nervös und wunderlich, weigerte sich, allein das Haus zu verlassen, und erschreckte ständig die Familie, indem er nachts mit Rufen wie »Der Mann im Wald! Vater! Vater!« auffuhr. Im Lauf der Zeit schien sich jedoch der Eindruck dieses Erlebnisses abgeschwächt zu haben, und etwa drei Monate später begleitete Trevor seinen Vater zum Haus eines Herrn in der Nachbarschaft, für den Joseph W. gelegentlich Arbeiten verrichtete. Der Vater wurde ins Arbeitszimmer geführt, und der kleine Junge blieb in der Eingangshalle des Hauses sitzen. Ein paar Minuten später, als der Hausherr W. gerade seine Anweisungen gab, hörten beide zu ihrem Entsetzen einen durchdringenden Schrei und das Geräusch eines Sturzes und fanden, als sie hinauseilten, das Kind besinnungslos mit schreckverzerrtem Gesicht auf dem Boden liegen. Der Arzt wurde geholt und stellte nach einigen Untersuchungen die Diagnose, daß das Kind eine Art Anfall erlitten hatte, ausgelöst anscheinend durch einen plötzlichen Schock. Man brachte den Jungen in ein Bett im Hause, und nach einiger Zeit erlangte er das Bewußtsein wieder, jedoch nur, um in einen Zustand einzutreten, den der Doktor als schwere Hysterie bezeichnete. Er verschrieb ein starkes Sedativum und sagte nach zwei Stunden, der Patient sei nun in der Lage, nach Hause zu gehen, doch beim Gang durch die Eingangshalle kehrte der Paroxysmus des Schreckens wieder, mit vermehrter Gewalt. Der Vater sah, daß das Kind auf einen Gegenstand deutete, und hörte den alten Schrei: »Der

Mann im Wald!«, und als er in die gewiesene Richtung schaute, sah er einen grotesken Steinkopf, der über einer der Türen in die Mauer eingelassen war. Anscheinend hatte der Hausbesitzer kürzlich einige Umbauten vornehmen lassen, und beim Ausheben der Fundamente gewisser Wirtschaftsgebäude waren die Arbeiter auf einen merkwürdigen Kopf gestoßen, offenbar aus römischer Zeit, der in der erwähnten Weise in der Eingangshalle angebracht worden war. Die kundigsten Archäologen der Gegend interpretieren dieses Haupt als das eines Fauns oder Satyrs.*

Aus welchem Grund nun auch immer – dieser zweite Schock schien zuviel für den kleinen Trevor, und noch zum gegenwärtigen Zeitpunkt leidet er unter einer Geistesschwäche, die kaum Aussicht auf Besserung bietet. Die Angelegenheit erregte damals einiges Aufsehen, und Helen wurde von Mr. R. genau befragt, doch ohne Ergebnis, da sie standhaft dabei blieb, sie habe Trevor nicht erschreckt oder belästigt.

Das zweite Ereignis, mit dem sich der Name dieses Mädchens verknüpft, liegt etwa sechs Jahre zurück und ist von noch ungewöhnlicherer Art.

Zu Beginn des Sommers 188– schloß Helen besonders vertraute Freundschaft mit Rachel M., der Tochter eines wohlhabenden Bauern der Nachbarschaft. Dieses Mädchen, ein Jahr jünger als Helen, wurde von den meisten Leuten als die Hübschere der beiden angesehen, obwohl Helens Züge weicher geworden waren. Die beiden Mädchen, die bei jeder sich bietenden Gelegenheit zusammen waren, boten einen bemerkenswerten Kontrast – die eine mit ihrer helleuchtenden Olivenhaut und ihrem fast italienischen Aussehen, die andere mit dem sprichwörtlichen Rot und Weiß unserer ländlichen Gegenden. Es muß erwähnt werden, daß die an Mr. R. geleisteten Zahlungen für den Unterhalt Helens im Dorf wegen

* Dr. Phillips berichtet, daß er den fraglichen Kopf gesehen hat, und versichert mir, er habe noch nie so eindringlich ein Bild des konzentriert Bösen vor Augen gehabt.

ihrer fast übertriebenen Großzügigkeit bekannt waren, und daß allgemein der Eindruck herrschte, sie würde eines Tages eine große Summe Geldes von ihrem Verwandten erben. Die Eltern Rachels waren deshalb der Freundschaft ihrer Tochter mit dem Mädchen durchaus wohlgesonnen und ermunterten sie sogar zu dieser Vertrautheit, auch wenn sie es heute bitter bereuen. Helen hatte immer noch ihre ausgeprägte Vorliebe für den Wald, und Rachel begleitete sie bei verschiedenen Gelegenheiten, wobei die beiden Freundinnen frühmorgens aufbrachen und bis zur Dämmerung im Wald blieben. Ein-, zweimal nach solchen Ausflügen schien Mrs. M. das Wesen ihrer Tochter etwas eigentümlich; sie kam ihr matt und verträumt vor und, wie es hieß, »anders als sie selber«, aber diese Anzeichen schienen dann wohl doch nicht der Rede wert. Eines Abends jedoch, nachdem Rachel nach Hause gekommen war, hörte ihre Mutter ein Geräusch aus dem Zimmer des Mädchens wie unterdrücktes Weinen, und als sie eintrat, fand sie die Tochter halb entkleidet auf dem Bett liegen, offenkundig in größter Verzweiflung. Sobald sie ihre Mutter erblickte, rief sie aus: »Ach, Mutter, Mutter, weshalb hast du mich mit Helen in den Wald gehen lassen?« Mrs. M. war über eine solch seltsame Frage erstaunt und begann, sie auszuhorchen. Rachel erzählte ihr eine ungeheuerliche Geschichte. Sie sagte –

Clarke klappte abrupt das Buch zu und drehte seinen Stuhl zum Feuer. Als sein Freund eines Abends auf eben jenem Stuhl gesessen und seine Geschichte erzählt hatte, da war er von Clarke kurz nach dem nun erreichten Punkt in seiner Erzählung unterbrochen worden, der ihm das Wort in einem förmlichen Anfall des Entsetzens abschnitt. »Mein Gott!« hatte er ausgerufen. »Bedenken Sie, bedenken Sie, was Sie sagen! Es ist zu unglaublich, zu monströs, es können solche Dinge niemals auf dieser ruhigen Welt geschehen, wo Männer und Frauen leben und sterben und kämpfen und siegen, vielleicht scheitern und an ihrem Gram zerbrechen und trauern und viele Jahre lang seltsame Schicksale erdulden, aber nicht dies, Phillips, nicht so etwas! Es muß eine Erklärung geben, einen Ausweg aus dem Schrecken. Mann, wäre solch ein Vorfall möglich, dann wäre unsere Erde ein Alptraum.«

Aber Phillips hatte seine Geschichte zu Ende erzählt, und er schloß:

»Ihre Flucht bleibt bis zum heutigen Tag ein Rätsel – sie ist im hellen Sonnenschein verschwunden, man sah sie über eine Wiese gehen, und ein paar Augenblicke später war sie nicht mehr da.«

Clarke versuchte wieder, sich einen Begriff von jenem Etwas zu machen, als er nun am Feuer saß, und wieder erschauerte sein Bewußtsein und schrak zurück, entsetzt beim Anblick so fürchterlicher, unaussprechlicher Elemente, inthronisiert sozusagen und triumphierend im Menschenleib. Vor ihm erstreckte sich weit im unklaren Dämmerlicht der grüne Höhenweg im Wald, wie sein Freund ihn beschrieben hatte: Er sah die schwankenden Blätter und die zitternden Schatten auf dem Gras, er sah das Sonnenlicht und die Blumen, und in weiter, weiter Ferne bewegten sich die zwei Gestalten auf ihn zu. Die eine war Rachel, aber die andere?

Clarke hatte versucht, so gut er es konnte, all dies nicht zu glauben, doch an das Ende des Berichtes hatte er bei der Niederschrift in sein Buch die Sätze gestellt:

ET DIABOLUS INCARNATUS EST. ET HOMO FACTUS EST.

Die Stadt der Wiederauferstehungen

»Herbert! Um Gottes willen! Kann es sein –?«

»Ja, ich heiße Herbert. Ich glaube, ich kenne auch Ihr Gesicht, aber an Ihren Namen erinnere ich mich nicht. Mein Gedächtnis ist jetzt unzuverlässig.«

»Wissen Sie nicht mehr: Villiers, vom Wadham College?«

»Ganz recht, ganz recht. Ich bitte um Verzeihung, Villiers, ich dachte nicht, einen alten Collegefreund anzubetteln. Guten Abend.«

»Mein Lieber, diese Eile ist unnötig. Ich wohne ganz in der Nähe, aber wir wollen nicht gleich zu mir gehen. Vielleicht ein Stück die Shaftesbury Avenue hinauf? Aber wie, um alles in der Welt, ist es so mit Ihnen gekommen, Herbert?«

»Es ist eine lange Geschichte, Villiers, und eine seltsame dazu, aber Sie können sie hören, wenn Sie möchten.«

Das schlecht zusammenpassende Paar ging langsam die Rupert Street hinunter – der eine in schmutzigen, scheußlich aussehenden Lumpen, und der andere in der von der Mode diktierten Uniform des *man about town*, erlesen korrekt gekleidet und außerordentlich wohlsituiert. Villiers war nach einem exzellenten Abendessen mit vielen Gängen, bei dem eine schmeichlerische kleine Korbflasche Chianti assistiert hatte, aus seinem Restaurant getreten und war in einer – bei ihm nahezu chronischen – Stimmung an der Türe stehen geblieben, um sich auf der schwach erleuchteten Straße umzuschauen: auf der Suche nach jenen geheimnisvollen Begebenheiten und Personen, von denen die Straßen Londons in jedem Viertel und zu jeder Stunde wimmeln. Villiers hielt es sich zugute, daß er ein geübter Entdeckungsreisender auf solchen obskuren Nebenwegen und in den Labyrinthen des Londoner Lebens war, und er legte bei dieser uneinträglichen Tätigkeit einen Fleiß an den Tag, dessen ernsthaftere Beschäftigungen würdig gewesen wären. So stand er neben dem Laternenpfahl und begutachtete die Passanten mit unverhohlener Neugier. Und mit der Gemessenheit, die nur der Mann kennt, der sehr ausführlich zu Abend ißt, hatte er soeben bei sich den Satz formuliert: »Man hat London die Stadt der Begegnungen genannt; es ist noch mehr, es ist die Stadt der Wiederauferstehungen«, als diese Reflexionen plötzlich durch ein Wimmern an seinem Ellbogen und eine jämmerliche Bitte um ein Almosen unterbrochen wurden. Einigermaßen irritiert sah er sich um und fand sich zusammenfahrend mit dem leibhaftigen Beweis seiner etwas gestelzten Spekulationen konfrontiert. Dicht neben ihm, das Gesicht von Armut und Entehrung verändert und entstellt, der Körper von fettigen, am Leib hängenden Lumpen kaum verhüllt, stand sein alter Freund Charles Herbert, der sich am selben Tage wie er an der Universität eingeschrieben hatte und mit dem er während der Dauer von zwölf Semestern lustig und weise gewesen war. Verschiedene Tätigkeiten und voneinander abweichende Interessen hatten die Freundschaft unterbrochen, und es war sechs Jahre her, daß Villiers Herbert gesehen hatte. Nun schaute er dieses Wrack von einem Mann voll Kummer und Traurigkeit an, in die sich eine gewisse Neugier mischte, welche arge Verkettung von Umständen ihn in eine solch gramvolle Lage gezerrt haben mochte. Villiers empfand außer Mitgefühl das ganze genüßliche Interesse eines Dilettanten des Geheimnisses und beglückwünschte sich zu seinen müßigen Theorien, die er vor dem Restaurant gesponnen hatte.

Sie gingen eine Weile schweigend weiter, und mehr als ein Vorübergehender starrte verblüfft das ungewohnte Schauspiel an, wie ein gutgekleideter Herr mit einem nicht zu verkennenden Bettler am Arm spazieren ging. Als er dies bemerkte, schlug Villiers die Richtung zu einer abgelegenen Straße in Soho ein. Hier wiederholte er seine Frage.

»Wie ist das nur gekommen, Herbert? Ich hatte immer gedacht, Sie hätten ein bedeutendes Erbe in Dorsetshire zu erwarten! Hat Ihr Vater Sie enterbt? Das doch sicher nicht?«

»Nein, Villiers, das ganze Vermögen fiel mir nach dem Tod meines armen Vaters zu; er starb ein Jahr nach meinem Abschied von Oxford. Er war mir ein sehr guter Vater gewesen, und ich habe aufrichtig genug seinen Tod betrauert. Aber Sie wissen, wie die jungen Leute sind – ein paar Monate später ging ich dann doch nach London und kam viel in Gesellschaft. Natürlich hatte ich die besten Verbindungen, und ich konnte mich gut amüsieren, auf harmlose Manier. Ich spielte gelegentlich, aber nie mit hohen Einsätzen, und meine paar Rennwetten brachten mir immer etwas ein – ein paar Pfund bloß, aber genug für Zigarren und solche kleinen Annehmlichkeiten. In meinem zweiten Jahr in London, da kam es anders. Sie haben natürlich von meiner Heirat gehört?«

»Nein, davon habe ich nie etwas zu hören bekommen.«

»Ja, ich habe geheiratet. Ich traf eine Frau, ein Mädchen von wunderbarer und eigenartigster Schönheit, im Hause von irgendwelchen Freunden. Ich kann Ihnen ihr Alter nicht sagen, ich habe es nie herausgefunden, aber ich schätze, sie dürfte etwa neunzehn gewesen sein, als ich ihre Bekanntschaft machte. Meine Freunde hatten sie in Florenz kennengelernt. Sie sagte ihnen, sie sei Waise, das Kind eines englischen Vaters und einer italienischen Mutter, und sie faszinierte mich. Das erste Mal sah ich sie bei einer Abendgesellschaft. Ich stand an der Tür und unterhielt mich mit einem Bekannten, als sich plötzlich über das Gesumm und Geplapper der Konversation eine Stimme erhob, die mein Herz unmittelbar anrührte. Sie sang ein italienisches Lied, ich wurde ihr an diesem Abend vorgestellt, und nach drei Monaten heiratete ich Helen. Villiers, diese Frau, wenn ich sie eine Frau nennen darf, hat meine Seele verderbt. In der Nacht nach unserer Hochzeit fand ich mich in ihrem Zimmer im Hotel sitzen und hörte ihr zu. Sie saß aufrecht im Bett, und ich lauschte ihr, während sie mit ihrer schönen Stimme sprach – von Dingen, die ich selbst jetzt nicht in dunkelster Nacht flüsternd zu nennen wagen würde, und stünde ich mitten in der Wildnis! Sie, Villiers, Sie meinen vielleicht, Sie kennen das Leben und

London und was sich Tag und Nacht in dieser furchtbaren Stadt zuträgt; Sie mögen ja, soweit ich es weiß, von den gemeinsten Dingen schon erfahren haben – aber ich sage Ihnen, Sie haben keine Vorstellung von dem, was ich weiß, nein, nicht in ihren phantastischsten und häßlichsten Träumen können Sie sich ein Bild auch nur des leisesten Schattens von dem gemacht haben, was ich gehört habe – und gesehen. Ja, gesehen. Ich habe das Unglaubliche gesehen, solche Schrecknisse, daß selbst ich zuweilen mitten auf der Straße stehen bleibe und mich frage, ob es denn möglich ist, daß ein Mann solche Dinge sieht und weiterlebt. Innerhalb eines Jahres, Villiers, war ich ruiniert, an Leib und Seele zerstört – an Leib und Seele.«

»Aber Ihr Besitz, Herbert? Sie hatten doch Ländereien in Dorset.«

»Ich habe alles verkauft, die Wiesen und Wälder, das liebe Haus – alles.«

»Und das Geld?«

»Sie hat es mir alles genommen.«

»Und Sie dann verlassen?«

»Ja. Sie ist eines Nachts verschwunden, ich weiß nicht, wohin, doch ich bin sicher, wenn ich sie wiedersähe, so würde mich das töten. Der Rest meiner Geschichte ist belanglos, nur schäbiges Elend. Sie meinen vielleicht, Villiers, daß ich übertrieben habe, daß ich um der Effekthascherei willen rede; ich habe Ihnen noch nicht die Hälfte erzählt. Ich könnte Ihnen gewisse Dinge mitteilen, die Sie überzeugen würden, aber Sie hätten keinen glücklichen Tag mehr. Sie würden den Rest Ihres Lebens verbringen wie ich den meinen, ein von seinen Gedanken gejagter Mann, ein Mann, der in die Hölle gesehen hat.«

Villiers nahm den Unglücklichen mit nach Hause und ließ ihm eine Mahlzeit vorsetzen. Herbert konnte nur wenig essen und rührte sein Glas Wein kaum an. Er saß düster und schweigend neben dem Kaminfeuer und schien erleichtert, als Villiers ihn mit einer kleinen Geldsumme ziehen ließ.

»Übrigens, Herbert«, sagte Villiers, als sie sich an der Türe voneinander verabschiedeten, »wie war der Name Ihrer Frau? Sie sagten: Helen, oder? Helen was?«

»Der Name, den sie trug, als ich sie kennenlernte, war Helen Vaughan, aber wie ihr wahrer Name war, das weiß ich nicht. Ich glaube nicht, daß sie einen Namen hatte. Nein, in diesem Sinne nicht. Nur menschliche Wesen haben Namen, Villiers; mehr kann ich nicht sagen. Leben Sie wohl. Ja, ich melde mich bestimmt, wenn Sie mir irgendwie helfen können. Gute Nacht.«

Der Mann ging in das eiskalte Dunkel hinaus, und Villiers zog sich an seinen Kamin zurück. Es war etwas an Herbert, was ihn unsäglich erschreckte – nicht die armseligen Lumpen oder die Spuren, die das Elend in seinem Gesicht hinterlassen hatte, sondern eher ein unbestimmtes Entsetzen, das ihn wie ein Dunst umgab. Er hatte zugegeben, daß er selbst nicht ohne Schuld war. Die Frau, so hatte er gestanden, hatte ihn an Leib und Seele verderbt, und Villiers hatte das Empfinden, daß dieser Mann, einst sein Freund, an Handlungen teilgenommen hatte, die böse waren über das hinaus, was die Sprache auszudrücken vermag. Seine Geschichte bedurfte keines Beweises – er selbst war ihre leibhaftige Bestätigung. Villiers sann versunken dem nach, was er gehört hatte, und fragte sich, ob er bei der ersten Begegnung mit dieser Geschichte gleichzeitig auch schon zum letzten Mal davon gehört haben sollte. »Nein«, dachte er, »gewiß nicht zum letzten Mal, wahrscheinlich war das erst der Anfang! Solche Geschichten sind wie ineinandergeschachtelte chinesische Lackkästchen, man öffnet eines nach dem anderen, und das nächste ist immer noch merkwürdiger gearbeitet. Der arme Herbert ist wohl eines der äußeren, und seltsamere werden noch folgen.«

Villiers konnte seine Gedanken nicht von Herbert und seiner Erzählung lösen, die mit dem Voranrücken der Nacht ihm immer wilder erschien. Das Feuer brannte niedrig und die Morgenkühle begann in das Zimmer zu dringen. Villiers erhob sich mit einem Blick über die Schulter und ging mit einem leisen Erschauern ins Bett.

Einige Tage später sah er im Klub einen seiner Bekannten namens Austin, der für seine intime Kenntnis Londons berühmt war, sowohl was die Dunkelheiten betraf wie den Lichterglanz. Villiers, immer noch ganz erfüllt von seiner Begegnung in Soho und ihren Folgen, dachte sich, Austin könne vielleicht etwas Licht auf Herberts Geschichte werfen, und so fragte er nach ein wenig beläufigem Gerede plötzlich:

»Wissen Sie eigentlich zufällig etwas über einen Mann namens Herbert – Charles Herbert?«

Austin wandte sich mit einem Ruck um und starrte Villiers einigermaßen erstaunt an.

»Charles Herbert? Waren Sie denn vor drei Jahren nicht in der Stadt? Nein! Dann haben Sie nichts vom sogenannten Paul Street-Fall gehört? Der hat seinerzeit viel Aufsehen erregt.«

»Was war das für ein Fall?«

»Nun, ein gewisser Gentleman, ein Mann in sehr guter Stellung, wurde auf der Souterraintreppe eines gewissen Hauses in der Paul Street tot aufgefunden, kalt und starr, in der Nähe der Tottenham Court Road. Natürlich hat nicht die Polizei diesen Fund gemacht – wenn man einmal die ganze Nacht aufbleibt und das Fenster erleuchtet ist, dann klingelt der Wachtmeister, aber wenn man tot vor einer Souterraintür liegt, dann wird man nicht gestört. In diesem Falle wie in vielen anderen wurde der Alarm von einer Art Vagabund ausgelöst – ich meine keinen Penner oder Eckensteher, sondern einen Herrn, dessen Geschäfte oder Vergnügungen oder beides ihn zum Betrachter der Straßen von London um fünf Uhr früh werden ließen. Dieses Individuum war nach seinen eigenen Worten ›auf dem Heimweg‹, woher und wohin ist nicht klar, und hatte Anlaß, zwischen vier und fünf Uhr durch die Paul Street zu gehen. Irgend etwas an der Hausnummer 20 machte ihn stutzig – er sagte absurderweise, das Haus hätte die unangenehmste Physiognomie, die ihm je untergekommen wäre, und jedenfalls schaute er die Treppe neben der Haustür hinunter und war nicht wenig erstaunt, einen Mann auf den Pflastersteinen liegen zu sehen, die Gliedmaßen seltsam verrenkt und mit dem Gesicht nach oben. Unserem Gentleman schien dieses Gesicht ganz sonderbar entsetzlich, und so lief er davon, um einen Polizisten zu suchen. Der nächste Konstabler war zunächst geneigt, die Sache nicht weiter ernst zu nehmen, und dachte an einen Betrunkenheitsunfall; er kam aber mit, und nachdem er das Gesicht des Mannes gesehen hatte, wurde ihm anders. Der Gentleman, der diese frühmorgendliche Entdeckung gemacht hatte, wurde nach einem Arzt geschickt, und der Polizist klingelte und pochte an der Tür, bis ein zerzaustes Dienstmädchen herunterkam, das noch mehr als halb schlief. Der Beamte machte das Mädchen darauf aufmerksam, was vor dem Souterrain lag, und es kreischte laut genug, um die ganze Straße aufzuwecken, doch über den Mann wußte es nichts – hatte ihn nie im Hause gesehen und so weiter. Inzwischen war der ursprüngliche Entdekker mit einem Doktor zurück, und es galt jetzt, hinunter zu dem Leichnam zu kommen. Das Gatter war offen, also stieg das ganze Quartett die Stufen hinunter. Der Arzt brauchte nur wenige Momente zu seiner Untersuchung, er sagte, der Ärmste sei schon seit mehreren Stunden tot, und man überführte die Leiche zunächst aufs nächste Polizeirevier. Hier fing der Fall an interessant zu werden. Der Tote war nicht beraubt worden, und in einer seiner Taschen fand man Papiere, anhand derer er zu identifizieren war als – nun, als Mann aus guter Familie, wohlhabend, in der Gesellschaft wohlgelitten und, soweit sich das erfahren ließ, ohne einen Feind. Ich nenne seinen Namen nicht, Villiers, weil er nichts mit der Geschichte zu tun hat, und weil es nicht gut tut, solche Affären von Toten wieder auszugraben, wenn es noch lebende Verwandte gibt. Die nächste Merkwürdigkeit war, daß sich die Mediziner nicht einig werden konnten, wie er nun zu Tode gekommen war. An seiner linken Schulter waren ein, zwei Blutergüsse, doch so klein, daß es eher aussah, als sei er unten aus der Küchentür gestoßen und nicht von der Straße aus übers Geländer geworfen oder auch nur die Treppe hinuntergezerrt worden. Und bei der Autopsie fand man keine Spur irgendwelchen Giftes. Natürlich wollte die Polizei alles über die Bewohner von Nummer 20 wissen, und auch hier – das weiß ich von privater Seite – kamen ein paar Merkwürdigkeiten zutage. Anscheinend wohnte dort ein Ehepaar, Mr. und Mrs. Charles Herbert. Er galt als ein Mann mit Landbesitz, obwohl es den meisten Leuten durch den Kopf gegangen sein dürfte, daß die Paul Street nicht gerade der Ort war, wo man eine in der Provinz begüterte Familie anzutreffen erwartete. Was Mrs. Herbert anging, so schien niemand zu wissen, wer oder was sie war, und – unter uns gesagt – ich glaube, daß diejenigen, die nach Informationen über ihr Vorleben fischten, sich in recht sonderbaren Gewässern fanden. Natürlich bestritten beide, etwas über den Verstorbenen zu wissen, und da nichts nachzuweisen war, wurde die Untersuchung gegen sie eingestellt. Aber es kamen einige sehr merkwürdige Dinge über sie heraus. Obwohl es beim Abtransport des Toten zwischen fünf und sechs Uhr morgens war, hatte sich eine große Menschenmenge versammelt, und mehrere der Nachbarn liefen auch hinzu. Sie hielten mit freimütigen Bemerkungen anscheinend nicht zurück, und aus denen ergab sich, daß Nummer 20 in der Paul Street einen äußerst bedenklichen Ruf genoß. Die Polizeidetektive versuchten, diese Gerüchte bis zu irgendwelchen greifbaren Tatsachen zurückverfolgen, doch hatten sie damit kein Glück. Die Leute schüttelten die Köpfe und zogen die Augenbrauen hoch und hielten die Herberts für recht »eigenartig«, »wollten lieber nicht gesehen werden, wie sie in ihr Haus gingen« und so weiter, aber nichts Konkretes. Die Behörde war sich so gut wie sicher, daß der Mann auf irgendeine Art und Weise im Hause den Tod gefunden hatte und aus der Küchentür hinausgestoßen worden war, doch zu beweisen war es nicht, und da es keine Indizien für Gewaltanwendung oder Gift gab, war man ratlos. Ein seltsamer Fall, nicht wahr? Aber es kommt noch seltsamer – etwas, was ich

Ihnen noch nicht erzählt habe. Ich kannte zufällig einen der Ärzte, die herangezogen wurden, um die Todesursache festzustellen, und einige Zeit nach der gerichtlichen Untersuchung traf ich ihn und fragte ihn aus. ›Wollen Sie mir wirklich sagen‹, meinte ich, ›daß der Fall für Sie ein unlösbares Problem darstellt, daß Sie tatsächlich nicht wissen, woran der Mann gestorben ist?‹ ›Verzeihung‹, erwiderte er, ›ich weiß sehr wohl, was den Tod verursacht hat. Soundso ist an der Angst gestorben, am reinen, furchtbaren Entsetzen; ich habe in meiner ganzen Praxis noch nie so schrecklich verzerrte Züge gesehen, und ich habe schon in eine ganze Armee von Totengesichtern geschaut.‹ Der Doktor war für gewöhnlich ein ziemlich kaltblütiger Zeitgenosse, und mir fiel eine gewisse Erregtheit an ihm auf, doch herauszubekommen war aus ihm nichts weiter. Ich nehme an, man sagte sich, es sei sinnlos, die Herberts dafür unter Anklage zu stellen, daß sie einen Mann zu Tode erschreckt hatten – jedenfalls wurde von seiten der Behörde nichts unternommen, und die Leute vergaßen langsam den Fall. Wissen Sie denn etwas über diesen Herbert?«

»Nun«, antwortete Villiers, »er war ein alter Collegefreund von mir.«

»Tatsächlich? Haben Sie denn je seine Frau gesehen?«

»Nein, nie. Ich habe Herbert vor vielen Jahren aus den Augen verloren.«

»Das ist schon eigenartig, nicht wahr? Wenn man sich von einem Mann am Collegetor oder an der Paddington Station verabschiedet, jahrelang nichts von ihm sieht, und dann plötzlich in einem so seltsamen Zusammenhang von ihm hört. Aber Mrs. Herbert hätte ich gerne einmal kennengelernt – die Leute erzählen derart Außergewöhnliches von ihr.«

»Was denn zum Beispiel?«

»Ich weiß kaum, wie ich es erklären soll. Jeder, der sie bei der Untersuchungsverhandlung gesehen hat, meinte, sie sei die schönste Frau, die er je gesehen habe, und gleichzeitig die abstoßendste. Ich habe mit einem Mann gesprochen, der sie sah, und ich versichere Ihnen, daß es ihn buchstäblich schauderte, als er diese Frau zu beschreiben versuchte, aber warum, das wußte er nicht zu sagen. Sie scheint ein Geheimnis gewesen zu sein – und ich nehme an, wenn der Tote uns noch etwas hätte erzählen können, wären das höchst sonderbare Geschichten gewesen. Und da gerät man in ein weiteres Rätsel: Was macht denn ein respektabler Gutsherr wie Mr. Nobody (so wollen wir ihn nennen, wenn es Ihnen nichts ausmacht) in einem so merkwürdigen Haus wie Nummer 20? Alles in allem ein seltsamer Fall, nicht wahr?«

»Das stimmt, Austin – ganz ungewöhnlich seltsam. Ich hätte nicht gedacht, als ich Sie nach meinem alten Freunde fragte, daß ich auf eine so wunderliche Ader stoßen würde. Ich muß nun gehen. Guten Tag.«

Villiers brach auf und dachte an sein eigenes Bild von den ineinandergeschachtelten chinesischen Kästchen – dies da war in der Tat merkwürdig gearbeitet.

Der Fund in der Paul Street

Einige Monate nach Villiers' Begegnung mit Herbert saß Mr. Clarke wie gewöhnlich nach dem Abendessen am Kamin und hielt seine Gedanken entschlossen davon ab, in Richtung des Sekretärs zu wandern. Seit über einer Woche war es ihm gelungen, seinen »Aufzeichnungen« fernzubleiben, und er hegte Hoffnungen auf eine durchgreifende Besserung seiner selbst. Doch trotz seiner Bemühung konnte er das Erstaunen und die seltsame Neugier nicht ganz zur Ruhe bringen, welche jener letzte von ihm niedergeschriebene Fall in ihm erregt hatte. Er hatte diesen Fall oder besser gesagt: eine Zusammenfassung davon probeweise einem ihm befreundeten Wissenschaftler vorgelegt; der hatte den Kopf geschüttelt und sich gedacht, Clarke werde wohl schrullig. Und an diesem Abend strengte Clarke sich selbst an, für die Geschichte eine vernünftige Erklärung zu finden, als ein Klopfen an der Tür ihn plötzlich aus seinen Meditationen riß.

»Mr. Villiers ist da, Sir.«

»Liebe Zeit, Villiers, sehr nett von Ihnen, mich zu besuchen – wir haben uns monatelang nicht gesehen, ich glaube, fast ein Jahr. Kommen Sie, kommen Sie herein. Und wie geht es Ihnen so? Möchten Sie Rat wegen Ihrer Geldanlagen?«

»Nein, danke, ich glaube, da ist alles in bester Sicherheit. Nein, Clarke – ich bin eigentlich gekommen, um Sie in einer recht sonderbaren Angelegenheit zu konsultieren, auf die ich letzthin aufmerksam gemacht worden bin. Ich fürchte, Sie werden das alles recht absurd finden, was ich Ihnen zu erzählen habe, manchmal geht es mir selber so, und ebendeshalb habe ich mich entschieden, zu Ihnen zu kommen, weil ich weiß: Sie sind ein praktisch denkender Mann.«

Mr. Villiers wußte nichts von den »Aufzeichnungen zum Beweis der Existenz des Teufels«.

»Nun, Villiers, ich will Ihnen nur zu gerne mit meinem Rat weiterhelfen, so gut ich kann. Worum handelt es sich denn bei Ihrer Geschichte?«

»Es ist eine ganz eigene Sache. Sie kennen mich ja: Ich halte auf der Straße immer die Augen offen, und im Lauf der Jahre bin ich schon ein paar seltsamen Figuren und seltsamen Vorfällen begegnet, aber das hier, glaube ich, schlägt alles. Ich kam vor etwa einem Vierteljahr aus einem Restaurant, an einem bitterkalten Winterabend – ich hatte ein herrliches Essen und eine gute Flasche Chianti hinter mir, und ich blieb einen Augenblick lang auf dem Gehsteig stehen und dachte daran, welch ein Geheimnis um die Straßen Londons ist und um die Menschen, die durch sie hindurchgehen. Eine Flasche Rotwein ermuntert solche Phantasien, Clarke, und ich hätte wohl eine Seite in kleinem Druck zusammengebracht, aber ein Bettler unterbrach mich, der auf einmal hinter mir stand, mit den üblichen Worten. Natürlich drehte ich mich um, und es stellte sich heraus, daß dieser Bettler das war, was von einem alten Freund von mir noch übriggeblieben war – einem Mann namens Herbert. Ich fragte ihn, was ihn in ein solches Elend gebracht hätte, und er erzählte mir's. Wir gingen eine von diesen langen dunklen Straßen in Soho hinauf und hinunter, und dort hörte ich seine Geschichte. Er sagte, er hätte ein wunderschönes Mädchen geheiratet, ein paar Jahre jünger als er, und diese Frau hätte ihn, wie er es ausdrückte, an Leib und Seele verderbt. Er wollte mir keine Einzelheiten sagen. Er sagte, er wage es nicht; das, was er gesehen hätte, würde ihn Tag und Nacht verfolgen, und als ich ihm ins Gesicht sah, wußte ich, daß er die Wahrheit sprach. Es war etwas an ihm, das mich erschauern ließ. Ich weiß nicht, weshalb, aber es war da. Ich gab ihm ein wenig Geld und schickte ihn weg, und ich versichere Ihnen: als er gegangen war, rang ich nach Atem. Seine Gegenwart ließ einem das Blut erkalten.«

»Ist das nicht alles ein wenig übertrieben, Villiers? Ich nehme an, der arme Teufel hat sich unklug verheiratet und ist, um es grob zu sagen, vor die Hunde gegangen.«

»Passen Sie auf, was nun kommt.« Villiers erzählte die Geschichte, die er von Austin gehört hatte.

»Sie sehen also«, schloß er, »es kann kaum ein Zweifel daran bestehen, daß Mr. Nobody – wer das nun auch war – am blanken Schrecken gestorben ist. Er sah etwas so Furchtbares, so Entsetzenerregendes, daß es sein Leben beendete. Und was er sah, das sah er jedenfalls in diesem Haus, das auf irgendeine Weise in der Nachbarschaft einen üblen Ruf bekommen hatte. Ich war so neugierig, hinzugehen und mir die Örtlichkeit genauer anzuschauen. Es ist eine ziemlich deprimierende Straße – die Häuser sind alt genug, um schäbig und düster auszusehen, aber nicht alt genug für den Reiz des Altmodischen. Soweit ich sehen konnte, sind die meisten in kleine Mietwohnungen aufgeteilt, möbliert und unmöbliert, und fast jede Tür hat drei Klingeln. Da und dort ist das Erdgeschoß in ein Ladenlokal der billigsten Sorte umgewandelt – eine in jeder Hinsicht trübselige Straße. Ich entdeckte, daß Nummer 20 zu vermieten war, und ging zum Makler und holte den Schlüssel. Natürlich hätte ich ansonsten dort nichts von den Herberts gehört, aber ich fragte den Mann frank und frei, wie lange es her sei, daß sie ausgezogen waren, und ob es inzwischen andere Mieter gegeben hätte. Er schaute mich ein Weilchen seltsam an und sagte dann, die Herberts seien unmittelbar nach der unangenehmen Sache weggezogen, wie er es nannte, und seitdem hätte das Haus leergestanden.«

Mr. Villiers hielt einen Augenblick inne.

»Ich habe mir schon immer gerne leerstehende Häuser angesehen; es liegt eine Art Faszination über den öden leeren Räumen, wo die Nägel in den Wänden stecken und der Staub dick auf der Fensterbank liegt. Aber durch Paul Street Nummer 20 zu gehen, war kein Vergnügen. Ich hatte kaum den Fuß in den Flur gesetzt, als ich an der Luft im Hause eine seltsame Schwere wahrnahm. Natürlich sind alle leeren Häuser muffig und so weiter, aber dies war ein ganz anderes Gefühl; ich kann es Ihnen nicht beschreiben, aber es schien einem den Atem abzuschnüren. Ich ging in das vordere und hintere Zimmer und in die Küche unten – sie waren alle recht schmutzig und staubig, wie man es erwarten würde, aber an allen war etwas Merkwürdiges. Definieren könnte ich es nicht, ich weiß nur, ich kam mir ganz eigenartig vor. Es war jedoch eins der Zimmer im ersten Stock, wo es am schlimmsten war. Es war ein ziemlich großer Raum, und die Tapete muß einmal fröhlich genug gewesen sein, doch als ich es sah, waren Anstrich, Tapete und alles andere trostlos. Der Raum aber war voller Schrecken; ich spürte meine Zähne knirschen, als ich mit der Hand die Tür berührte, und als ich eintrat, dachte ich, ich müßte ohnmächtig hinfallen. Ich riß mich jedoch zusammen und stellte mich an die hintere Wand, wo ich mich fragte, was um alles in der Welt an diesem Zimmer sein konnte, daß mir die Glieder zitterten und daß mein Herz schlug wie in der Todesstunde. In einer Ecke lag ein Haufen Zeitungen unordentlich auf dem Boden aufgestapelt, und ich fing an, sie durchzusehen. Sie waren drei, vier Jahre alt, zum Teil halb zerrissen, zum Teil zusammengeknüllt wie Packmaterial. Ich schaute den ganzen Stapel durch und fand dazwischen eine sonderbare Zeichnung – ich werde sie Ihnen nachher zeigen. Aber ich konnte nicht mehr in dem Zimmer bleiben; ich spürte, daß es mich überwältigte. Ich war dankbar, als ich heil und gesund an die frische Luft kam. Die Leute starrten mich an, als ich die Straße entlangging, und ein Mann sagte, ich sei betrunken. Ich stolperte von einer Seite des Gehsteigs auf die andere, und es bedurfte meiner ganzen Kräfte, den Schlüssel wieder zu dem Makler zu bringen und nach Hause zu gelangen. Ich lag eine Woche zu Bett, unter den Einwirkungen von – wie mein Arzt sagte – nervösem Schock und Erschöpfung. An einem dieser Tage las ich die Abendzeitung und stieß zufällig auf einen kleinen Absatz mit der Überschrift ›Mann verhungert‹. Das Übliche – eine trübsinnig gewöhnliche Pension in Marylebone, eine Tür, die mehrere Tage lang verschlossen blieb, und ein toter Mann auf einem Stuhl, als man das Zimmer aufbrach. ›Der Verstorbene‹, fuhr die Meldung fort, ›hieß Charles Herbert und soll früher ein wohlhabender Grundbesitzer gewesen sein. Sein Name wurde der Öffentlichkeit vor drei Jahren im Zusammenhang mit dem rätselhaften Todesfall in der Paul Street an der Tottenham Court Road bekannt, insofern der Verstorbene der Mieter des Hauses Nummer 20 war, vor dessen Souterrain ein Herr der guten Gesellschaft unter Umständen tot aufgefunden wurde, welche von Verdachtsmomenten nicht ganz frei waren.‹ Ein tragisches Ende, wie? Aber schließlich und endlich – wenn das stimmt, was er mir erzählt hat, und dessen bin ich gewiß, dann war das ganze Leben dieses Mannes eine einzige Tragödie, und eine seltsamere als die in unseren Theatern.«

»Und das ist die Geschichte?« fragte Clarke nachdenklich.

»Ja. Das ist die Geschichte.«

»Also, Villiers, ich weiß kaum, was ich dazu sagen soll. Es gibt dabei zweifellos Umstände, die merkwürdig erscheinen, beispielsweise daß man den Toten vor der Souterraintür des Hauses der Herberts gefunden hat, und diese sehr ungewöhnliche Äußerung des Arztes zur Todesursache, aber schließlich lassen sich die Fakten doch auch auf eine normale Weise erklären. Was Ihre Empfindungen beim Besuch des Hauses anlangt, so möchte ich als Erklärung vorschlagen, daß sie auf eine sehr lebhafte Phantasie zurückgehen – Sie haben offensichtlich halbbewußt über all das nachgedacht, was Sie gehört hatten, darüber gebrütet. Ich weiß nun nicht, was in dieser Angelegenheit noch zu sagen oder zu tun wäre – Sie scheinen offenbar zu glauben, daß sich irgendein Geheimnis dahinter verbirgt, aber Herbert ist tot; wo wollen Sie weiter nachforschen?«

»Ich will nach der Frau suchen; der Frau, die er geheiratet hat. *Sie* ist das Geheimnis.«

Die beiden Männer saßen stumm vor dem Feuer. Clarke gratulierte sich insgeheim dazu, mit welchem Erfolg er der Rolle des Anwalts der Alltäglichkeit treugeblieben war, und Villiers war in düstere Gedanken versunken.

»Ich glaube, ich brauche eine Zigarette«, sagte er endlich und griff in die Tasche, auf der Suche nach seinem Etui.

»Ah!« sagte er, leicht zusammenfahrend. »Ich hatte ganz vergessen, daß ich Ihnen noch etwas zeigen kann. Sie erinnern sich an die recht eigenartige Zeichnung, die ich unter dem Stapel alter Zeitungen in dem Haus in der Paul Street gefunden habe? Da ist sie.«

Villiers zog ein schmales dünnes Päckchen aus der Tasche. Es war in Packpapier eingeschlagen und mit Bindfaden verschnürt; die Knoten kosteten einige Mühe. Wider Willen war Clarke gespannt; er neigte sich in seinem Sessel vor, als Villiers vorsichtig die Schnur löste und die äußere Umhüllung auseinanderfaltete. Innen erschien ein zweiter Umschlag aus Seidenpapier, und Villiers nahm ihn ab und reichte Clarke wortlos das kleine Stück Papier.

Es herrschte fünf Minuten oder länger Totenstille im Zimmer; die beiden Männer saßen so reglos, daß sie das Ticken der hohen altmodischen Standuhr draußen im Korridor hören konnten, und im Gedächtnis des einen weckte die langsame Monotonie dieses Geräusches eine ferne, ferne Erinnerung. Er betrachete konzentriert die kleine Federskizze eines Frauenkopfes. Sie war offensichtlich mit großer Sorgfalt ausgeführt worden, von einem wirklichen Künstler, denn die Seele der Frau sah aus ihren Augen, und die Lippen hatten sich zu einem seltsamen Lächeln geöffnet. Clarke sah immer noch auf das Gesicht. Es erinnerte ihn an einen Sommerabend vor langer Zeit; wieder sah er das lange, schöne Tal, den Fluß, der sich durch die Hügel wand, die Wiesen und Kornfelder, die stumpfrote Sonne und den kalten weißen Nebeldunst, der aus dem Wasser aufstieg. Er hörte, wie eine Stimme über den Wellenschlag vieler Jahre hinweg zu ihm sprach, und sie sagte: »Clarke, Mary wird den Großen Pan sehen!« Und dann stand er in dem düsteren kühlen Zimmer neben dem Doktor, lauschte dem schwerfälligen Ticken der Uhr, wartete und schaute, sah die Gestalt im Lampenlicht auf dem grünen Stuhl liegen. Mary richtete sich auf, und er sah ihr in die Augen, und sein Herz wurde kalt.

»Wer ist diese Frau?« fragte er schließlich. Seine Stimme war trocken und rauh.

»Das ist die Frau, die Herbert geheiratet hat.«

Clarke sah die Skizze nochmals an. Es war eigentlich doch nicht Mary. Das war gewiß Marys Gesicht, aber da war noch etwas anderes, etwas, was er nicht in Marys Zügen gesehen hatte, als das weißgekleidete Mädchen das Laboratorium mit dem Doktor zusammen betreten hatte, und auch nicht, als sie grinsend im Bett lag. Was es auch war, ob nun der Blick aus diesen Augen, das Lächeln auf den vollen Lippen oder der Ausdruck des Gesichts insgesamt, Clarke erschauerte in seiner tiefsten Seele und dachte unbewußt an Dr. Phillips' Worte: er habe »noch nie so eindringlich ein Bild des konzentriert Bösen vor Augen gehabt«. Mechanisch wandte er das Blatt um und sah auf die Rückseite.

»Um Gottes willen! Clarke, was ist denn? Sie sind blaß wie der Tod?«

Villiers war von seinem Stuhl aufgesprungen, als Clarke mit einem Stöhnen zurücksank und das Papier seinen Fingern entgleiten ließ.

»Ich fühle mich nicht gut, Villiers, gelegentlich überkommt mich so etwas. Gießen Sie mir einen Schluck Wein ein; danke, das reicht. In ein paar Minuten ist mir besser.«

Villiers hob die heruntergefallene Skizze auf und drehte sie um, wie Clarke es getan hatte.

»Das haben Sie gesehen?« fragte er. »Damit habe ich das Blatt als Porträt von Herberts Frau identifiziert, oder besser: von Herberts Witwe. Wie fühlen Sie sich?«

»Besser, danke, es war nur eine vorübergehende Schwäche. Ich habe Sie, glaube ich, nicht ganz verstanden. Wie, sagten Sie, konnten Sie das Bild identifizieren?«

»Mit diesem Wort – Helen –, das auf der Rückseite geschrieben steht. Habe ich Ihnen nicht gesagt, daß ihr Name Helen war? Ja, Helen Vaughan.«

Clarke stöhnte auf. Es konnte keinerlei Zweifel mehr geben.

»Pflichten Sie mir denn nun nicht bei«, fragte Villiers, »daß es in dieser Geschichte, die ich heute abend erzählt habe, und bei der Rolle, welche diese Frau dabei spielt, ein paar ganz seltsame Punkte gibt?«

»Ja, Villiers«, murmelte Clarke, »es ist schon eine seltsame Geschichte, wahrhaftig eine seltsame Geschichte. Sie müssen mir ein wenig Zeit lassen, darüber nachzudenken. Ich kann Ihnen vielleicht helfen, oder auch nicht. Müssen Sie nun gehen? Dann: Gute Nacht, Villiers, gute Nacht. Kommen Sie doch in einer Woche wieder.«

Der Brief mit dem guten Rat

»Wissen Sie, Austin«, sagte Villiers, als die beiden Freunde an einem angenehmen Maimorgen gemächlich den Piccadilly entlangschritten, »wissen Sie, ich bin überzeugt davon, daß das, was Sie mir über die Paul Street und die Herberts erzählt haben, nur eine einzelne Episode einer höchst ungewöhnlichen Geschichte ist. Ich kann Ihnen nun geradesogut das Geständnis machen, daß ich damals vor ein paar Monaten, als ich Sie nach Herbert fragte, den Mann kurz zuvor gesehen hatte.«

»Sie? Wo denn?«

»Er hat mich eines Abends auf der Straße angebettelt. Er war in einem völlig elenden Zustand, aber ich erkannte ihn und brachte ihn dazu, mir seine Geschichte zu erzählen, zumindest in groben Zügen. Kurz gesagt, lief sie darauf hinaus: seine Frau hat ihn ruiniert.«

»Auf welche Weise?«

»Er wollte es mir nicht sagen – er sagte nur, sie habe ihn an Leib und Seele zerstört. Der Mann ist nun tot.«

»Und was ist aus seiner Frau geworden?«

»Ah, eben das wüßte ich gerne, und ich bin auch entschlossen, es herauszubringen, früher oder später. Ich kenne einen gewissen Clarke – eine ziemlich trockene Natur, tatsächlich ein Geschäftsmann, aber klug. Sie verstehen, nicht nur klug im Geschäftlichen, sondern ein Mann, der wirklich etwas von den Menschen und vom Leben weiß. Nun, ich habe ihm den Fall vorgelegt, und er war offensichtlich beeindruckt. Er sagte, die Sache bedürfe der Überlegung, und ich solle in einer Woche wieder vorbeikommen. Ein paar Tage später erhielt ich diesen erstaunlichen Brief hier.«

Austin nahm den Umschlag, zog den Brief heraus und las ihn interessiert. Der Text war der folgende:

»Mein lieber Villiers,
ich habe über die Sache nachgedacht, derentwegen Sie mich vor kurzem aufgesucht haben, und ich rate Ihnen nun dies: Werfen Sie das Porträt ins Feuer, löschen Sie die Geschichte aus Ihrem Gedächtnis. Verschwenden Sie keinen weiteren Gedanken mehr daran, Villiers, oder Sie werden es bedauern. Sie werfen zweifellos annehmen, daß ich im Besitze geheimer Informationen bin, und bis zu einem gewissen Grad stimmt das auch. Doch weiß ich nur wenig. Ich bin wie ein Wanderer, der einen raschen Blick in einen Abgrund geworfen hat und entsetzt zurückgewichen ist. Was ich weiß, ist seltsam genug und schrecklich genug, aber jenseits meines Wissens liegen noch entsetzlichere Tiefen und Schrecknisse, unglaublicher als je eine in Winternächten am Kamin erzählte Sage. Ich habe mich entschlossen – und nichts soll diesen Entschluß ins Wanken bringen –, keinen Zoll weiterzugehen, nicht nachzuforschen, und wenn Ihnen Ihr Lebensglück etwas bedeutet, dann werden Sie dieselbe Entscheidung treffen.

Kommen Sie bitte auf jeden Fall und besuchen Sie mich, aber lassen Sie uns von Besserem reden als von dieser Sache.«

Austin faltete den Brief bedächtig zusammen und reichte ihn an Villiers zurück.

»In der Tat ein erstaunliches Schreiben«, sagte er, »aber was ist mit dem Porträt gemeint?«

»Ah! Ich habe vergessen, Ihnen zu sagen, daß ich in der Paul Street war und eine Entdeckung gemacht habe.«

Villiers erzählte seine Geschichte, wie er sie Clarke erzählt hatte, und Austin hörte stumm zu. Er schien verwundert.

»Wie eigenartig, daß Sie in diesem Zimmer von einer so unangenehmen Empfindung überkommen worden sind!« sagte er schließlich. »Es scheint, soweit ich Sie verstehe, nicht bloße Phantasie gewesen zu sein oder ein Gefühl von Abneigung.«

»Nein, es war eher körperlich als innerlich. Es war, als würde ich mit jedem Atemzug einen tödlichen Dampf einatmen, der in jeden Nerv und jeden Knochen und jede Sehne meines Körpers drang. Ich spürte von Kopf bis Fuß einen Schmerz an mir zerren, es schwamm mir vor den Augen, es war wie der Eingang des Todes.«

»Ja, sehr merkwürdig, sicherlich. Hören Sie, Ihr Freund räumt ein, daß es da irgendeine höchst bedenkliche Geschichte im Zusammenhang mit dieser Frau gibt. Ist Ihnen eine besondere Gefühlsregung an ihm aufgefallen, als Sie die Geschichte erzählt haben?«

»Ja. Er erlitt einen Schwächeanfall, aber er versicherte mir, das sei ein vorübergehender Zustand, der ihn öfter heimsuche.«

»Haben Sie ihm das geglaubt?«

»Damals schon, aber jetzt weiß ich nicht mehr so recht. Er hat sich das, was ich zu erzählen hatte, recht gleichgültig angehört, bis ich ihm das Porträt zeigte. Dann hat er diesen Anfall gehabt. Er sah entsetzlich aus, das können Sie mir glauben.«

»Dann muß er die Frau schon einmal gesehen haben. Aber es gibt noch eine andere mögliche Erklärung: Es kann der Name gewesen sein und nicht das Gesicht, was ihm vertraut war. Was meinen Sie?«

»Ich weiß nicht. Aber soweit ich mich erinnern kann, geschah es, nachdem er das Bild in den Händen hin- und hergedreht hatte, daß er fast vom Stuhl stürzte. Der Name, wissen Sie, stand auf der Rückseite.«

»Sehen Sie. Nun, es ist unmöglich, bei einem solchen Fall zu einem Ergebnis zu kommen. Ich hasse Melodramen, und nichts kommt mir banaler und langweiliger vor als die Gespenstergeschichten auf dem literarischen Markt – aber, Villiers, es hat mir wirklich den Anschein, als läge hinter all dem etwas sehr Seltsames.«

Die beiden Männer waren, ohne es zu merken, in die Ashley Street gebogen, die vom Piccadilly nach Norden führt. Es war eine lange und ziemlich mürrische Straße, aber hie und da hatte ein heiterer Geschmack die grauen Häuser mit Blumen geschmückt, mit hellen Vorhängen und einem fröhlichen neuen Anstrich an den Türen. Villiers sah auf, als Austin, der sich eine Zigarre anzündete, zu sprechen aufhörte, und schaute eines dieser Häuser an: Rote und weiße Geranien baumelten von jedem Fenstersims, und osterglockenfarbene Gardinen bauschten sich zu seiten jedes Fensters.

»Sieht freundlich aus, nicht wahr?« sagte er.

»Ja, und drinnen geht es noch heiterer zu. Eines der beliebtesten Häuser im diesjährigen Gesellschaftsreigen, habe ich mir sagen lassen. Ich war selbst noch nicht dort, aber mehrere aus meiner Bekanntschaft haben mir erzählt, da ginge es sympathisch ungezwungen her.«

»Wem gehört das Haus?«

»Einer Mrs. Beaumont.«

»Und wer ist das?«

»Ich könnte es Ihnen jetzt gar nicht sagen. Wie ich höre, kommt sie aus Südamerika, aber schließlich tut es wenig zur Sache, wer sie ist. Sie ist eine sehr wohlhabende Frau, daran gibt es keinen Zweifel, und einige der besten Familien verkehren bei ihr. Sie hat anscheinend wundervollen Rotwein, ein wirklich erstaunliches Gewächs, der einen fabelhaften Betrag gekostet haben muß. Lord Argentine hat mir davon erzählt – er war letzten Sonntagabend dort. Er versichert, er habe noch nie so einen Wein getrunken, und Argentine ist, wie Sie wissen, ein Kenner. Übrigens, da fällt mir ein, diese Mrs. Beaumont muß eine eigenartige Frau sein. Argentine hat sie gefragt, wie alt der Wein sei, und was meinen Sie, hat sie geantwortet? ›Etwa tausend Jahre alt, glaube ich.‹ Lord Argentine dachte, sie wolle ihn aufziehen, aber als er lachte, sagte sie, es sei ihr ganz ernst, und bot ihm an, ihm die Amphore zu zeigen. Da konnte er natürlich nichts mehr sagen. Aber das wäre doch ein etwas allzugut abgelagertes Getränk, wie? Wir sind ja schon bei meiner Wohnung angelangt. Kommen Sie doch herein!«

»Danke, sehr gerne. Ich habe den Raritätenladen schon einige Zeit nicht mehr gesehen.«

Es war ein üppig, aber seltsam eingerichteter Raum, wo jeder Stuhl und jedes Bücherregal, jeder Tisch, jeder Teppich, jede Dose, jedes Zierstück ein für sich existierendes Ding mit einem Eigenleben zu sein schien.

»Irgend etwas Neues in letzter Zeit?« fragte Villiers nach einer Weile.

»Nein, ich glaube nicht... diese merkwürdigen Krüge haben Sie gesehen, oder? Das dachte ich mir schon. In den letzten Wochen bin ich, glaube ich, auf nichts Besonderes gestoßen.«

Austin sah sich im Zimmer um, Schrank um Schrank, Fach um Fach, auf der Suche nach einer neuen Seltsamkeit. Sein Blick fiel schließlich auf eine alte Truhe, reich und zierlich geschnitzt, die in einer dunklen Zimmerecke stand.

»Ah!« sagte er. »Das hätte ich fast vergessen. Ich habe doch etwas, was ich Ihnen zeigen kann.« Austin schloß die Truhe auf, zog einen dicken Quartband heraus, legte ihn auf den Tisch und zog wieder an seiner Zigarre, die er abgelegt hatte.

»Kannten Sie eigentlich Arthur Meyrick, den Maler, Villiers?«

»Ein wenig. Ich bin ihm zwei-, dreimal im Haus eines Freundes begegnet. Was ist aus ihm geworden? Ich habe schon seit einiger Zeit nichts mehr von ihm gehört.«

»Er ist tot.«

»Tatsächlich! Er war doch noch ganz jung, oder?«

»Ja, er war erst dreißig, als er starb.«

»Woran ist er gestorben?«

»Ich weiß es nicht. Er war ein enger Freund von mir und ein durch und durch guter Kerl. Er kam oft hierher und unterhielt sich stundenlang mit mir – und er war einer der glänzendsten Causeurs, die ich kenne. Er konnte sogar über Malerei reden, und das ist mehr, als man von den meisten Malern sagen kann. Vor etwa anderthalb Jahren fühlte er sich ziemlich überarbeitet und brach – teilweise auf meinen Vorschlag hin – zu einer Art Reise ins Blaue auf, ohne bestimmtes Ziel. Ich glaube, New York war der erste Hafen, aber ich hörte nie etwas von ihm. Vor drei Monaten bekam ich dieses Buch mit einem überaus höflichen Brief eines englischen Arztes, der in Buenos Aires praktiziert. Darin stand, er habe den verstorbenen Mr. Meyrick während seiner Krankheit behandelt, und der Verstorbene habe den nachdrücklichen Wunsch geäußert, daß das beigeschlossene Päckchen mir nach seinem Tode zugestellt werden solle. Das war alles.«

»Und Sie haben sich nicht nach weiteren Einzelheiten erkundigt?«

»Ich habe schon daran gedacht. Würden Sie mir raten, an den Doktor zu schreiben?«

»Gewiß. Und was ist mit dem Buch?«

»Es war versiegelt, als ich es erhielt. Ich glaube nicht, daß der Doktor es gesehen hat.«

»Ist es etwas sehr Seltenes? War Meyrick vielleicht Sammler?«

»Nein, das glaube ich nicht, kaum ein Sammler. Was halten Sie nun eigentlich von diesen Ainu-Gefäßen?«

»Sie sind sonderbar, aber mir gefallen sie. Aber wollten Sie mir nicht die Hinterlassenschaft des armen Meyrick zeigen?«

»Ja, ja, ganz richtig. Tatsache ist – es handelt sich um eine ganz besondere Sache, ich habe das noch niemandem gezeigt. Ich würde es an Ihrer Stelle auch nirgends erwähnen. Da haben wir es.«

Villiers nahm das Buch und öffnete es aufs Geratewohl. »Ach, das ist kein gedrucktes Buch?« sagte er.

»Nein, es ist eine Sammlung von Schwarz-Weiß-Zeichnungen meines armen Freundes Meyrick.«

Villiers schlug die erste Seite auf: sie war leer. Die zweite war mit einem kurzen Text beschrieben; dieser lautete:

Silet per diem universus, nec sine horrore secretus est; lucet nocturnis ignibus, chorus Ægipanum undique personatur: audiuntur et cantus tibiarum, et tinnitus cymbalorum per oram maritimam.

Auf der dritten Seite war eine Zeichnung, bei deren Anblick Villiers zusammenfuhr und zu Austin aufschaute; der sah abwesend aus dem Fenster. Villiers wandte Seite um Seite um, wider Willen versunken in die fürchterliche Walpurgisnacht des Bösen, des seltsamen und monströsen Bösen, welche der tote Künstler in scharfem Schwarz und Weiß aufgezeichnet hatte. Die Figuren von Faunen, Satyrn und Aegipanen tanzten vor seinen Augen, die Dunkelheit des Waldesdickichts, der Tanz auf dem Bergesgipfel, die Szenen an einsamen Stränden, in grünen Weinbergen, an Felsen und Orten der Einöde zogen an ihm vorüber: eine Welt, vor der die menschliche Seele zurückzuzucken und zu erschauern schien. Villiers durchblätterte hastig die restlichen Seiten, er hatte genug gesehen, doch das Bild auf dem letzten Blatt fiel ihm ins Auge, als er gerade den Band schließen wollte.

»Austin!«

»Nun, was gibt es denn?«

»Wissen Sie, wer das ist?«

Es war das Gesicht einer Frau, das allein auf dem weißen Blatt stand.

»Wer ist das? Das weiß ich natürlich nicht.«

»Ich weiß es.«

»Wer?«

»Das ist Mrs. Herbert.«

»Sind Sie sicher?«

»Ich bin mir gewiß. Armer Meyrick! Er ist auch ein Kapitel in ihrer Geschichte.«

»Aber was halten Sie von den Zeichnungen?«

»Sie sind entsetzlich. Schließen Sie das Buch wieder weg, Austin! Ich würde es an Ihrer Stelle verbrennen; es muß ein furchtbarer Hausgenosse sein, selbst eingesperrt in einer Truhe.«

»Ja, das sind sehr eigenartige Zeichnungen. Aber ich frage mich, welche Beziehung zwischen Meyrick und Mrs. Herbert bestanden haben kann oder welche Verbindung zwischen ihr und diesen Zeichnungen existiert?«

»Wer kann das sagen? Möglicherweise endet die Geschichte hier, und wir werden es nie erfahren, aber meiner

Meinung nach steht diese Helen Vaughan oder Mrs. Herbert erst am Anfang. Sie wird nach London zurückkehren, Austin, verlassen Sie sich darauf, sie kommt zurück, und dann hören wir mehr über sie. Ich glaube nicht, daß es sehr angenehme Neuigkeiten sein werden.«

Die Selbstmorde

Lord Argentine war in der Londoner Gesellschaft überaus gern gesehen. Mit zwanzig war er ein armer Mann gewesen, ausgestattet mit dem Familiennamen einer illustren Familie, doch gezwungen, sich seinen Lebensunterhalt zu verdienen, wie er eben konnte, und auch der kühnste und spekulativste aller Geldverleiher hätte ihm keine fünfzig Pfund auf die Chance hin anvertraut, daß er einmal seinen Namen gegen einen Titel und seine Armut gegen ein großes Vermögen eintauschen würde. Sein Vater war dem Quell der guten Dinge noch nahe genug gewesen, um eine der Pfarrpfründen zu erhalten, über welche die Familie verfügte, doch der Sohn hätte, auch wenn er in den geistlichen Stand getreten wäre, nicht einmal das erlangt und fühlte sich überdies auch nicht zu dieser Laufbahn berufen. So trat er der Welt mit keiner besseren Rüstung als dem Talar eines Bachelor of Arts und dem Mutterwitz des Enkels eines jüngsten Sohnes entgegen, und mit dieser Bewaffnung schlug er sich recht gut. Mit fünfundzwanzig war Mr. Charles Aubernoun immer noch in Kämpfe und Kriegshändel mit der feindlichen Welt verstrickt, aber von den sieben, die zwischen ihm und den hohen Positionen der Familie gestanden hatten, blieben nur noch drei. Diese drei waren zwar »robuste Naturen«, doch nicht gefeit gegen Zuluspeere und Typhusviren, und so erwachte Aubernoun eines Morgens und fand sich als Lord Argentine wieder, ein Mann von dreißig, der den Schwierigkeiten des Lebens ins Gesicht gesehen hatte und Sieger geblieben war. Die Situation amüsierte ihn höchlichst, und er beschloß, daß der Reichtum ihm ebenso angenehm sein sollte, wie es die Armut immer gewesen war. Argentine kam nach einiger Überlegung zu dem Schluß, daß das Dinieren, als schöne Kunst betrachtet, vielleicht die amüsanteste Beschäftigung war, mit der eine gefallene Menschheit sich die Zeit vertreiben konnte; seine Abendessen wurden berühmt in London, und eine Einladung an seine Tafel war etwas Heißbegehrtes. Nach zehn Jahren Lordschaft und Tafelfreuden lehnte Argentine es noch immer ab, den Überdruß kennenzulernen, bestand immer noch darauf, sich des Lebens zu erfreuen, und war nachgerade als eine Art Ansteckungsherd bekannt, der anderen Freude machte, kurz, als beste erdenkliche Gesellschaft. Sein plötzlicher und tragischer Tod war daher nicht nur eine Sensation, sondern löste in weiten Kreisen große Betroffenheit aus. Man konnte es kaum glauben, obwohl man die Zeitung vor Augen hatte und der Ruf »Geheimnisvoller Tod eines Aristokraten!« von der Straße heraufdrang. Doch da war die kurze Meldung zu lesen: »Lord Argentine wurde heute morgen unter bedrückenden Umständen von seinem Kammerdiener aufgefunden. Wie verlautet, kann kein Zweifel daran bestehen, daß seine Lordschaft Selbstmord begangen hat, obwohl sich für eine solche Handlungsweise kein Motiv benennen läßt. Der verstorbene Adelige war in der Gesellschaft wohlbekannt und wegen seines liebenswürdigen Wesens und seiner großzügigen Gastlichkeit überaus beliebt. Der Titel fällt usw. usf.«

Nach und nach kamen die Einzelheiten ans Licht, aber der Fall blieb immer noch ein Rätsel. Der Hauptzeuge bei der gerichtlichen Untersuchung war der Kammerdiener des toten Aristokraten, der angab, am Abend vor seinem Tode habe Lord Argentine bei einer Dame der Gesellschaft diniert, deren Name in den Zeitungsberichten nicht genannt wurde. Gegen elf Uhr war Lord Argentine zurückgekehrt und hatte seinem Diener angedeutet, er werde ihn bis zum nächsten Morgen nicht mehr benötigen. Etwas später kam dieser zufällig durch die Eingangshalle und sah mit einer gewissen Verwunderung, wie sein Herr selbst leise die Haustür öffnete, hinausging und sie hinter sich schloß. Er hatte die Abendkleidung abgelegt und trug ein Norfolkjackett und Knickerbocker sowie einen gewöhnlichen braunen Hut. Der Diener hatte keine Veranlassung zu der Annahme, daß Lord Argentine ihn gesehen hatte, und obwohl sein Herr nur selten spät am Abend ausging, dachte er kaum weiter an den Vorfall, bis er am nächsten Morgen wie gewöhnlich um dreiviertel neun an die Schlafzimmertür klopfte. Es erfolgte keine Antwort, und nachdem er zwei-, dreimal geklopft hatte, betrat er das Zimmer und sah Lord Argentines Körper vom Fuße des Bettes in einem seltsamen Winkel herabhängen. Er entdeckte, daß sein Herr eine Schnur fest an einem der relativ kurzen Bettpfosten befestigt hatte, und nachdem er eine bewegliche Schlinge am Ende der Schnur geknüpft und sie sich um den Hals gelegt hatte, muß der unglückliche Mann sich entschlossen nach vorn gestürzt haben, um durch langsame Strangulierung zu sterben. Er trug den hellen Anzug, in dem ihn der Diener hatte fortgehen sehen, und der herbeigeholte Arzt stellte fest, daß das Leben schon seit mehr als vier Stunden erloschen war. Alle seine Papiere, Briefe und so weiter schienen in vollkommener Ordnung, und es wurde nichts entdeckt, was im entferntesten auf irgendeinen großen oder kleineren Skandal hingedeutet hätte. Hier endeten die Indizien; nichts weiter war herauszufinden. Einige andere Gäste waren bei dem Diner zugegen gewesen, zu dem Lord Argentine geladen war, und ihnen allen war es vorgekommen, als hätte er seine gewohnte gute Laune. Der Diener sagte zwar, er glaube, sein Herr sei bei der Heimkunft ein wenig aufgeregt gewesen, aber er räumte ein, daß diese Veränderung in seinem Gebaren nur geringfügig war, in der Tat kaum wahrnehmbar. Es schien hoffnungslos, nach irgendeiner weiteren Spur suchen zu wollen, und die Hypothese des Untersuchungsrichters, daß Lord Argentine wohl von einem plötzlichen Anfall suizidaler Manie heimgesucht worden war, wurde von der Jury bereitwillig akzeptiert.

Es war jedoch anders, als innerhalb von Wochen drei weitere Gentlemen, der eine ein Adliger, die beiden anderen Männer in bedeutender Stellung und mit reichlichen Mitteln, elend auf fast genau dieselbe Art und Weise zu Tode kamen.

Lord Swanleigh wurde eines Morgens in seinem Ankleidezimmer gefunden, wo er von einem Haken an der Wand baumelte, und Mr. Collier-Stuart und Mr. Herries hatten denselben Tod wie Lord Argentine gewählt. Es gab in keinem Fall eine befriedigende Erklärung, nur ein paar nackte Fakten – ein lebendiger Mann am Abend, am Morgen ein Leichnam mit blaugeschwollenem Gesicht. Die Polizei war gezwungen gewesen einzugestehen, daß sie bei den gemeinen Mordtaten von Whitechapel zu keiner Verhaftung und keiner Erklärung hatte kommen können*, doch vor den schrecklichen Selbstmorden von Piccadilly und Mayfair verschlug es ihr vollends die Sprache, denn nicht einmal die wilde Gewalttätigkeit, die für das East End zur Not als Erklärung herhalten mochte, taugte zur Begründung der Vorfälle im Westen der Stadt. Jeder dieser Männer, die sich entschieden hatten, einen qualvollen, schäbigen Tod zu sterben, war reich, befand sich wohl und liebte allem Anschein nach das Leben, und die scharfsinnigsten Untersuchungen hatten in keinem Fall auch nur den Schatten eines geheimen Motivs zu Tage fördern können. Es lag ein Entsetzen in der Luft, und oft sahen sich zwei Männer an, wenn sie sich begegneten, und jeder fragte sich stumm, ob der andere wohl das fünfte Opfer einer namenlosen Tragödie sein würde. Journalisten suchten vergeblich in ihren Zettelkästen nach vergleichbarem Material für einen Erinnerungsartikel, und in vielen Häusern wurde die Morgenzeitung mit einem Gefühl abergläubischer Scheu aufgeschlagen: Niemand wußte, wann und wo der nächste Schlag fallen würde.

Kurze Zeit nach dem letzten dieser furchtbaren Vorfälle suchte Austin Mr. Villiers auf. Er war daran interessiert, zu erfahren, ob es Villiers gelungen war, irgendeine neue Spur von Mrs. Herbert aufzustöbern, sei es nun über Clarke oder mit anderen Mitteln, und er stellte diese Frage, kurz nachdem er Platz genommen hatte.

»Nein«, sagte Villiers. »An Clarke habe ich geschrieben,

* Eine Anspielung auf die Morde von Jack the Ripper (A. d. Ü.).

aber er bleibt eigensinnig, und ich habe verschiedene andere Wege versucht, aber ohne Ergebnis. Ich kann nicht herauskriegen, was aus Helen Vaughan wurde, nachdem sie die Paul Street verlassen hatte, aber ich glaube, sie ist ins Ausland gegangen. Doch um die Wahrheit zu sagen, Austin, ich habe mich in den letzten Wochen nicht sehr darum gekümmert – ich habe den armen Herries sehr gut gekannt, und sein schlimmer Tod war ein Schock für mich, ein großer Schock.«

»Das glaube ich gern«, antwortete Austin ernst, »Sie wissen, daß Argentine ein Freund von mir war. Wenn ich mich recht erinnere, haben wir noch an dem Tag, als Sie in meine Wohnung mitkamen, von ihm gesprochen.«

»Ja, das war im Zusammenhang mit dem Haus in der Ashley Street, dem Haus von Mrs. Beaumont. Sie sagten etwas in der Art, daß Argentine dort diniert habe.«

»Genau. Sie wissen ja wohl, daß Argentine dort auch am Abend vor – vor seinem Tod war.«

»Nein, das hatte ich nicht gehört.«

»Doch, doch – der Name wurde nicht in die Zeitungen gebracht, um Mrs. Beaumont zu schonen. Sie hielt große Stücke auf Argentine, es heißt, sie soll lange Zeit danach ganz außer sich gewesen sein.«

Ein seltsamer Ausdruck trat in Villiers' Gesicht; er schien sich unschlüssig, ob er etwas sagen sollte oder nicht. Austin fuhr fort.

»Ich habe nie ein solches Gefühl des Grauens verspürt wie in dem Augenblick, als ich den Bericht von Argentines Tod las. Ich habe es damals nicht begriffen und ich begreife es jetzt nicht! Ich kannte ihn gut, und es geht über meinen Verstand, aus was für einem Grund er – oder irgendeiner von den anderen, abgesehen davon – sich entschlossen haben könnte, kalt und besonnen einen so gemeinen Tod zu wählen. Sie wissen, wie man sich in London gegenseitig den guten Ruf wegschwatzt – Sie können sicher sein, daß jeglicher verborgene Skandal, jedes alte Geheimnis in so einem Fall ans Licht gezerrt worden wäre: aber nichts dergleichen. Was die Maniehypothese angeht – das ist ja gut und schön für die Geschworenen bei der Untersuchung, aber jeder weiß, daß das alles Blödsinn ist. Suizidale Manie tritt nicht einfach so auf wie die Masern.«

Austin versank wieder in düsteres Schweigen. Auch Villiers saß stumm da und betrachtete seinen Freund. Der unschlüssige Gesichtsausdruck kehrte immer wieder, als wäge er seine Gedanken sorgfältig gegeneinander ab, und was er bedachte, ließ ihn immer noch schweigen. Austin versuchte die Erinnerung an Tragödien abzuschütteln, die so hoffnungslos verworren waren wie das Labyrinth des Dädalus, und fing mit beiläufigem Tonfall von den angenehmeren Ereignissen und Abenteuern der Gesellschaftssaison zu reden an.

»Diese Mrs. Beaumont«, sagte er, »von der wir sprachen, hat großen Erfolg – sie hat London fast im Sturm erobert. Ich habe sie kürzlich abends im Fulham's gesehen; eine bemerkenswerte Frau.«

»Sie haben Mrs. Beaumont kennengelernt?«

»Ja. Sie hatte einen beträchtlichen Hofstaat um sich! Man würde sie wohl als sehr hübsch bezeichnen, aber es ist trotzdem etwas an ihrem Gesicht, was mir nicht gefiel. Die Züge sind wunderschön, aber der Ausdruck ist seltsam. Und die ganze Zeit, als ich sie ansah, und auch nachher noch, als ich nach Hause ging, hatte ich das kuriose Gefühl, daß genau dieser Gesichtsausdruck mir irgendwie vertraut war.«

»Sie werden Sie einmal im Park beim Ausfahren gesehen haben.«

»Nein, ich bin sicher, ich habe die Frau selbst noch nie zu Gesicht bekommen, das macht es so irritierend. Und soweit ich sagen kann, habe ich auch nie jemanden wie sie gesehen – ich spürte eine Art schwache, ferne Erinnerung, unklar, aber hartnäckig. Die einzige Empfindung, mit der sich das vergleichen läßt, ist das seltsame Gefühl, das einen gelegentlich im Traum befällt, wenn phantastische Städte und wundersame Landschaften und Phantomgestalten bekannt und gewohnt erscheinen.«

Villiers nickte und schaute ziellos im Zimmer umher, vielleicht auf der Suche nach irgend etwas, auf das sich die Unterhaltung lenken ließe. Sein Blick fiel auf eine alte Truhe, die einigermaßen jener ähnelte, in der das merkwürdige Vermächtnis des Künstlers hinter einem gotischen Wappenschild verborgen lag.

»Haben Sie wegen des armen Meyrick an den Doktor geschrieben?«

»Ja, ich habe ihn um ausführliche Einzelheiten über seine Krankheit und seinen Tod gebeten. Antwort erwarte ich erst in drei oder vier Wochen. Ich dachte, ich frage auch gleich, ob Meyrick eine Engländerin namens Herbert gekannt hat, und falls ja, ob der Doktor mir irgendwelche Informationen über sie geben könnte. Aber es ist gut möglich, daß Meyrick sie schon in New York oder Mexiko oder San Francisco kennengelernt hat – ich weiß gar nichts über Umfang und Richtung seiner Reisen.«

»Ja, und es ist auch sehr wahrscheinlich, daß die Frau mehr als einen Namen geführt hat.«

»Genau. Ich wünschte, ich hätte daran gedacht, mir von Ihnen das Porträt von ihr zu leihen, das Sie im Besitz haben. Das hätte ich meinem Brief an Dr. Mathews beilegen können.«

»In der Tat, daran habe ich auch nicht gedacht. Wir könnten das nachholen. Hören Sie! Was rufen die Zeitungsjungen?«

Während die beiden miteinander geredet hatten, war ein wirres Geschrei langsam lauter geworden. Der Lärm erhob sich in östlicher Richtung und schwoll den Piccadilly hinunter an, um immer näher zu kommen: ein Sturzbach von Geräuschen, schoß er die sonst stillen Straßen hinauf und machte aus jedem Fenster den Rahmen für ein neugieriges oder aufgeregtes Gesicht. Rufe und Stimmen drangen widerhallend in die schweigsame Straße, wo Villiers wohnte; sie wurden deutlicher, indem sie näher kamen, und als Villiers noch fragte, klang eine Antwort vom Pflaster hoch:

»Neues Entsetzen im West End! Wieder ein schrecklicher Selbstmord! Mit all den Einzelheiten!«

Austin rannte die Treppe hinunter, kaufte eine Zeitung und las Villiers die Meldung vor, während das Geschrei auf der Straße einmal anschwoll, dann wieder abebbte. Das Fenster war offen, und die Luft schien voller Lärm und Schrecken.

»Wieder ist ein Mitglied der besten Gesellschaft das Opfer der fürchterlichen Selbstmordepidemie geworden, die seit ein paar Monaten im West End herrscht. Mr. Sidney Crashaw (Stoke House, Fulham, und King's Pomeroy, Devon) wurde nach längerer Suche heute um ein Uhr in seinem Garten gefunden, wo er am Ast eines Baumes hing. Der Verstorbene hatte vorigen Abend im Carlton Club diniert und schien bei bester Gesundheit und guter Laune. Er verließ den Club gegen zehn Uhr und wurde wenig später gesehen, wie er ohne Eile die St. James's Street hinunterging. Des weiteren läßt sich nicht ermitteln, wo er noch gewesen sein mag. Nach der Entdeckung des Körpers wurde sogleich ärztliche Hilfe geholt, doch das Leben war offensichtlich schon lange erloschen. Soweit bekannt ist, hatte Mr. Crashaw keinerlei Sorgen oder Schwierigkeiten. Dieser beklagenswerte Selbstmord ist, wie man sich erinnern wird, bereits der fünfte seiner Art in den letzten Monaten. Die zuständigen Stellen in Scotland Yard sehen sich nicht in der Lage, eine Erklärung dieser schrecklichen Vorfälle zu geben.«

Austin ließ die Zeitung in stummem Entsetzen sinken.

»Morgen verlasse ich London«, sagte er, »es ist eine Stadt des Alptraums. Wie furchtbar, Villiers!«

Mr. Villiers saß am Fenster und schaute ruhig auf die Straße hinunter. Er hatte dem Zeitungsbericht aufmerksam gelauscht, und die Unschlüssigkeit war aus seinem Gesicht gewichen.

»Einen Augenblick, Austin«, sagte er. »Ich habe mich jetzt entschlossen, einen kleinen Zufall zu erwähnen, der mir letzte Nacht begegnet ist. Es hieß doch, daß man Crashaw zuletzt kurz nach zehn in der St. James's Street lebend gesehen hat?«

»Ja, ich glaube. Ich sehe noch einmal nach – ja, Sie haben ganz recht.«

»Also gut. Nun, ich bin auf jeden Fall in der Lage, dieser Behauptung zu widersprechen. Crashaw wurde später noch gesehen; sehr viel später sogar.«

»Woher wissen Sie das?«

»Weil ich zufällig Crashaw selbst gegen zwei Uhr morgens gesehen habe.«

»Sie haben Crashaw gesehen? Sie, Villiers?«

»Ja. Ich sah ihn ganz deutlich – es lagen tatsächlich nur ein paar Fuß zwischen uns.«

»Und wo um Himmels willen sind Sie ihm begegnet?«

»Nicht weit von hier. Ich sah ihn in der Ashley Street. Er kam gerade aus einem Haus.«

»Ist Ihnen aufgefallen, aus welchem?«

»Ja. Es war das von Mrs. Beaumont.«

»Villiers! Bedenken Sie, was Sie da sagen! Es muß sich um ein Mißverständnis handeln. Wie könnte Crashaw um zwei Uhr morgens im Hause von Mrs. Beaumont sein? Das haben Sie doch sicherlich nur geträumt, Villiers, Sie waren schon immer ein Mann mit viel Phantasie.«

»Nein, ich war hellwach. Und selbst wenn ich vor mich hin geträumt hätte, wie Sie sagen, dann hätte mich das aufgeweckt, was ich gesehen habe.«

»Was Sie gesehen haben? Was haben Sie denn gesehen? War etwas Auffälliges an Crashaw? Aber ich kann es nicht glauben, es ist unmöglich.«

»Nun, wenn Sie möchten, werde ich Ihnen erzählen, was ich sah – oder, wenn Sie darauf bestehen, was ich zu sehen glaubte. Und dann können Sie sich selbst ein Urteil bilden.«

»Gut denn, Villiers.«

Das Gelärme auf der Straße war erstorben, wenn auch jetzt noch hie und da ein Ruf aus der Ferne drang, und die bleiern dumpfe Stille schien wie die Ruhe nach einem Erdbeben oder nach einem Sturm. Villiers drehte sich vom Fenster weg und fing an zu sprechen.

»Ich war gestern abend in der Nähe vom Regent's Park eingeladen, und als ich ging, hatte ich Lust, zu Fuß nach Hause zu gehen anstatt eine Droschke zu nehmen. Es war auch eine klare, angenehme Nacht, und nach ein paar Minuten hatte ich die Straßen so ziemlich für mich allein. Es ist eine eigene Sache, Austin, nachts in London allein zu sein, wenn die Reihen der Gaslaternen in der Ferne kleiner werden und verschwinden, und dann vielleicht das Rollen und Klirren einer Droschke auf den Pflastersteinen, und die Funken, die unter den Hufen des Pferdes stieben! Ich ging recht rasch dahin, denn nachgerade war ich es doch ein wenig müde, allein bei Nacht noch unterwegs zu sein, und als die Glocken zwei Uhr schlugen, bog ich in die Ashley Street ein – die liegt, wie Sie wissen, auf meinem Weg. Dort war es noch stiller, und die Laternen standen weiter auseinander; es war dunkel und düster wie in einem Winterwald. Ich hatte etwa die halbe Straße hinter mir, als ich hörte, wie eine Tür ganz leise ins Schloß gedrückt wurde, und natürlich schaute ich auf, um zu sehen, wer denn wie ich zu dieser Stunde unterwegs sein mochte. Es steht zufällig eine Laterne ganz in der Nähe des fraglichen Hauses, und ich sah einen Mann auf der Stufe vor der Tür. Er hatte soeben die Tür geschlossen, sein Gesicht war mir zugekehrt, und sogleich erkannte ich Crashaw. Ich habe ihn nie näher kennengelernt, aber ich hatte ihn oft gesehen, und ich bin mir gewiß, daß es kein Irrtum war. Ich sah ihm einen Augenblick lang ins Gesicht, und dann – ich will die Wahrheit gestehen – lief ich in großer Hast davon und hörte erst an meiner eigenen Haustür zu rennen auf.«

»Warum?«

»Warum? Weil mir das Blut stockte, als ich diesem Mann ins Gesicht sah. Ich hätte nie gedacht, daß ein so infernalischer Wirrwarr von Leidenschaften aus Menschenaugen hervorschauen könnte; ich wurde fast ohnmächtig, als ich hinsah. Ich wußte: Ich hatte in die Augen einer verlorenen Seele geblickt, Austin, die äußere Form dieses Mannes war geblieben, aber in seinem Innern war die Hölle. Wütende Lust und

Haß wie ein Feuer und der Verlust jeglicher Hoffnung und ein Entsetzen, das in die Nacht hinauszukreischen schien, obwohl die Zähne zusammengebissen waren, und die tiefe Schwärze völliger Verzweiflung. Ich bin sicher, er sah mich nicht – er sah nichts, was Sie oder ich sehen können, aber er sah das, was wir hoffentlich niemals schauen werden. Ich weiß nicht, wann er starb, ich nehme an, ein oder zwei Stunden später, aber als ich die Ashley Street entlangkam und die Tür ins Schloß fallen hörte, gehörte der Mann nicht mehr dieser Welt an; es war das Gesicht eines Dämons, das ich sah.«

Es herrschte eine Zeitlang Schweigen im Zimmer, nachdem Villiers aufgehört hatte zu sprechen. Die Dämmerung brach herein, und der ganze Tumult von einer Stunde zuvor war verschollen. Austin hatte am Ende der Erzählung den Kopf gesenkt, und seine Hand bedeckte die Augen.

»Was kann das bedeuten?« fragte er endlich.

»Wer weiß, Austin, wer weiß es? Es ist eine arge Sache, aber ich glaube, wir sollten, zunächst einmal wenigstens, alles für uns behalten. Ich werde sehen, ob ich nicht privat irgend etwas über das Haus in Erfahrung bringen kann, und wenn ich etwas finde, dann gebe ich Ihnen Nachricht.«

Die Begegnung in Soho

Drei Wochen später erhielt Austin einen kurzen Brief von Villiers, der ihn bat, entweder am selben oder am folgenden Nachmittag vorbeizusehen. Er entschied sich für den nächsten Termin und fand Villiers wie üblich am Fenster sitzend vor, wo er anscheinend in Meditationen über den schleppend eintönigen Straßenverkehr vertieft war. Neben ihm stand ein Bambustischchen, ein phantastisches Möbelstück mit Vergoldungen und fremdartigen gemalten Szenerien, und darauf lag ein kleiner Stapel Papiere, so säuberlich angeordnet und beschriftet wie nur je ein Aktenkonvolut in Mr. Clarkes Büro.

»Nun, Villiers, haben Sie in den letzten drei Wochen irgendwelche Entdeckungen gemacht?«

»Ich glaube doch. Ich habe hier ein, zwei Niederschriften, die mir höchst bemerkenswert vorkommen, und darunter befindet sich auch eine Aussage, auf die ich Sie aufmerksam machen möchte.«

»Und diese Dokumente haben Bezug auf Mrs. Beaumont? Es war wirklich Crashaw, den Sie in jener Nacht auf der Türschwelle des Hauses in der Ashley Street stehen sahen?«

»Was das betrifft, so habe ich meine Ansicht nicht geändert, aber weder meine Untersuchungen noch ihre Ergebnisse hatten irgendeinen besonderen Zusammenhang mit Crashaw. Aber meine Forschungen haben zu einem seltsamen Resultat geführt. Ich weiß, wer Mrs. Beaumont ist.«

»Wer ist sie? Wie meinen Sie das?«

»Ich meine, daß Sie und ich sie unter einem anderen Namen besser kennen.«

»Und welcher ist das?«

»Herbert.«

»Herbert!« Austin wiederholte das Wort, wie betäubt vor Erstaunen.

»Ja, Mrs. Herbert aus der Paul Street, die Helen Vaughan früherer, mir unbekannter Abenteuer. Sie hatten allen Grund, ihren Gesichtsausdruck wiederzuerkennen; wenn Sie zu Hause sind, sehen Sie sich das Gesicht in Meyricks Buch der Schrecken an, und Sie werden die Quelle Ihrer Erinnerung begreifen.«

»Und dafür haben Sie Beweise?«

»Ja, die besten; ich habe Mrs. Beaumont gesehen – oder soll ich sagen: Mrs. Herbert?«

»Wo?«

»An einem Ort, wo man kaum eine Dame zu sehen erwarten würde, die in der Ashley Street in Piccadilly wohnt. Ich sah, wie sie eines der Häuser in einer der schmutzigsten und übelsten Straßen in Soho betrat. Ich hatte eine Verabredung getroffen, wenn auch nicht mit ihr; und sie war pünktlich zur Stelle.«

»All das scheint mir höchst märchenhaft, wenn ich es auch nicht geradezu unglaublich nennen mag. Immerhin müssen Sie bedenken, Villiers, daß ich diese Frau im normalen Reigen der Londoner Gesellschaft gesehen habe, wie sie redet und lacht und in einem höchst alltäglichen Salon an ihrer Schokolade nippt, unter alltäglichen Leuten. Aber Sie wissen wohl, was Sie sagen.«

»O ja. Ich habe es mir nicht gestattet, Ahnungen oder Einbildungen zu folgen. Ich hatte nicht den Plan, Helen Vaughan zu finden, als ich in den dunklen Wassern des Londoner Lebens nach Mrs. Beaumont fischte, aber das war das Ergebnis.«

»Sie müssen an seltsame Orte gekommen sein, Villiers.«

»Ja, ich war an sehr seltsamen Orten. Es hätte nichts genützt, wissen Sie, wenn ich in die Ashley Street gegangen wäre und Mrs. Beaumont gebeten hätte, so freundlich zu sein und mir einen kurzen Abriß ihres bisherigen Lebens zu geben. Nein – da ich annehmen durfte, daß ihre Lebensgeschichte keine besonders reinliche war, mußte sie sich mit einiger Sicherheit zu einer früheren Zeit in Kreisen bewegt haben, die nicht ganz so elegant waren wie die derzeitigen. Sieht man Schlamm oben auf dem Fluß treiben, kann man davon ausgehen, daß er vorher auf dem Grund war. Und ich bin der Sache auf den Grund gegangen. Ich habe schon immer ein Faible für Exkursionen in ein gewisses Milieu gehabt, und nun war mir meine Kenntnis dieses Milieus und seiner Bewohner sehr nützlich. Es ist wohl überflüssig zu bemerken, daß meine Freunde dort den Namen Beaumont nie gehört hatten, und da ich die Dame nie gesehen hatte und nicht in der Lage war, sie genau zu beschreiben, mußte ich indirekt vorgehen. Die Leute dort kennen mich, ich habe gelegentlich dem einen oder der anderen einen Dienst erweisen können, sie hatten also nichts dagegen, mir Informationen zu geben – sie wußten, daß ich weder direkt noch indirekt mit Scotland Yard in Verbindung stehe. Ich mußte aber eine beträchtliche Menge Köder versenken, ehe ich fand, was ich wollte, und als ich den Fisch an Land zog, dachte ich nicht im mindesten, daß es mein Fisch sein könnte. Aber ich hörte dem zu, was man mir erzählte, aus einer mir angeborenen Neigung zu unnützen Informationen, und fand mich im Besitz einer sehr sonderbaren Geschichte – wenn auch nicht, so dachte ich, der Geschichte, die ich suchte. Es ging um folgendes: Vor fünf oder sechs Jahren tauchte plötzlich eine Frau namens Raymond in der Nachbarschaft auf, von der ich hier rede. Man beschrieb sie mir als ganz jung, wahrscheinlich nicht älter als siebzehn oder achtzehn, sehr hübsch, und sie sah so aus, als ob sie vom Land kommen würde. Ich darf nicht sagen, daß sie in diesem Viertel und im Umgang mit diesen Leuten die ihr gemäße Umgebung fand, denn nach all dem, was ich gehört habe, ist die niederträchtigste Lasterhöhle in London bei weitem zu gut für sie. Die Person, von der ich meine Informationen bekam – wie Sie sich denken können, nicht gerade eine Puritanerin –, schüttelte sich vor Ekel, als sie mir von den namenlosen Infamien erzählte, die jener zur Last gelegt wurden. Nachdem Miss Raymond dort ein Jahr oder vielleicht etwas länger gelebt hatte, verschwand sie so plötzlich, wie sie gekommen war, und man sah lange nichts mehr von ihr bis um die Zeit des Paul-Street-Falls. Zuerst kam sie nur gelegentlich in ihre alten Schlupfwinkel, dann häufiger, und schließlich wohnte sie dort wie zuvor und blieb etwa sechs, acht Monate. Es bringt jetzt nichts, bei dem Leben, das diese Frau da geführt hat, in die Einzelheiten zu gehen – wenn Sie Details möchten, können Sie Meyricks Vermächtnis zu Rate ziehen. Diese Zeichnungen sind nicht seiner Phantasie entsprungen. Sie verschwand wieder, und die Anwohner sahen nichts mehr von ihr bis vor wenigen Monaten. Meine Informantin erzählte mir, sie hätte ein paar Zimmer in einem Haus gemietet, das man mir zeigte, und diese Zimmer suchte sie gewöhnlich zwei-, dreimal in der Woche auf, und zwar immer um zehn Uhr morgens. Ich schloß aus dem, das man mir sagte, daß einer dieser Besuche an einem gewissen Tag vor etwa einer Woche stattfinden würde, und ich hielt dementsprechend um Viertel vor zehn zusammen mit meiner Späherin Ausschau, und die Stunde und die Dame kamen mit derselben Pünktlichkeit. Meine Freundin und ich standen in einem Torbogen, ein wenig abseits von der Straße, aber sie sah uns und warf mir einen Blick zu, den ich lange nicht vergessen werde. Dieser Blick war mir schon genug: Ich wußte, daß Miss Raymond Mrs. Herbert war, und was Mrs. Beaumont angeht, so war die mir ganz entfallen. Sie ging in das Haus, und ich beobachtete es bis um vier, als sie wieder herauskam und ich ihr folgte. Es war eine lange Jagd, und ich mußte mich mit großer Vorsicht in einiger Entfernung halten und doch die Frau nicht aus den Augen verlieren. Sie führte mich den Strand hinunter, dann nach Westminster, die St. James's Street hinauf und den Piccadilly entlang. Es war ein ganz merkwürdiges Gefühl, als ich sie in die Ashley Street einbiegen sah – der Gedanke, Mrs. Herbert könnte Mrs. Beaumont sein, kam mir in den Sinn, aber das schien zu unwahrscheinlich. Ich wartete an der Ecke und behielt sie die ganze Zeit im Auge – und achtete besonders darauf, an welchem Haus sie anhielt. Es war das Haus mit den heiteren Vorhängen, das Haus der Blumen, das

Haus, aus dem Crashaw in jener Nacht kam, da er sich in seinem Garten erhängte. Ich wollte gerade aufbrechen, als ich eine leere Kutsche um die Ecke kommen und vor dem Haus anhalten sah; ich kam zu dem Schluß, daß Mrs. Herbert eine kleine Spazierfahrt vorhatte, und ich hatte recht. Ich nahm eine Droschke und folgte der Kutsche in den Park. Dort begegnete ich, wie es sich traf, einem Bekannten, und wir standen im Gespräch ein kleines Stück vom Kutschweg entfernt, dem ich den Rücken zukehrte. Wir plauderten keine zehn Minuten, als mein Freund den Hut zog, und ich schaute mich um und sah die Dame, der ich den ganzen Tag gefolgt war. »Wer ist das?« fragte ich, und er antwortete: »Mrs. Beaumont – wohnt in der Ashley Street.« Nun konnte natürlich kein Zweifel mehr bestehen. Ich weiß nicht, ob sie mich sah, aber ich glaube es nicht. Ich ging sofort nach Hause, und alles in allem schien es mir, daß ich genügend Informationen besaß, um damit zu Clarke zu gehen.«

»Warum zu Clarke?«

»Weil ich sicher bin, daß Clarke im Besitz gewisser Fakten über diese Frau ist, Fakten, von denen ich nichts weiß.«

»Und was weiter?«

Mr. Villiers lehnte sich in seinem Sessel zurück und sah Austin nachdenklich einen Moment lang an, ehe er antwortete:

»Ich hatte die Idee, daß Clarke und ich Mrs. Beaumont aufsuchen könnten.«

»Sie wollen doch nicht ein solches Haus betreten! Nein, nein, Villiers, das können Sie nicht tun. Außerdem, überlegen Sie – was für ein Resultat...«

»Das will ich Ihnen gleich sagen. Aber ich möchte hinzufügen, daß meine Informationen damit noch nicht enden, sie sind auf höchst bemerkenswerte Weise vervollständigt worden.

Schauen Sie dieses ordentliche kleine Päckchen Manuskript – es ist paginiert, wie Sie sehen, und ich habe es koketterweise mit einem quasi amtlichen roten Band versehen. Es sieht fast offiziös aus, nicht wahr? Schauen Sie es kurz einmal an, Austin. Es ist ein Bericht über die Unterhaltung, die Mrs. Beaumont für ihre auserwählten Gäste bereithielt. Der Mann, der das schrieb, ist mit dem Leben davongekommen, aber ich glaube nicht, daß er noch viele Jahre vor sich hat. Die Ärzte sagen ihm, er müsse einen schweren Nervenschock litten haben.«

Austin nahm das Manuskript zur Hand, aber er las es nie. Indem er die sauber beschrifteten Blätter irgendwo aufschlug, fiel sein Blick auf ein Wort, auf einen Halbsatz; und mit einem Gefühl beklemmenden Schwindels, mit blutleeren Lippen und indem ihm der kalte Schweiß wie Wasser von den Schläfen rann, warf er das Manuskript hin.

»Nehmen Sie das weg, Villiers! Sprechen Sie nie wieder davon! Sind Sie von Stein, Mann? Die Angst vor dem Tode selbst, die Gedanken des Mannes, der in der kalten Morgenluft gefesselt auf der schwarzen Plattform steht, das Glockenläuten in den Ohren, der auf das Knirschen des Hebels wartet – das alles ist nichts neben dem hier! Ich will es nicht lesen, ich könnte nie wieder schlafen.«

»Gut. Ich weiß wahrscheinlich, was Sie gesehen haben. Ja, es ist schrecklich genug, aber schließlich und endlich ist es eine alte Geschichte, ein altes Mysterium, das in unseren Tagen wieder inszeniert wird, nur im Dämmer der Straßen von London anstatt in den Weinbergen und Olivenhainen. Wir wissen, was jenen geschah, die der Zufall dem großen Pan in den Weg führte, und wer einsichtig ist, der weiß, daß alle Symbole etwas bedeuten: Symbole für etwas, nicht für nichts. Es war in der Tat ein erlesenes Symbol, mit welchem die Menschen einst vor langer Zeit ihr Wissen um die ungeheuerlichsten, geheimsten Kräfte verhüllten, die im Herzen aller Dinge liegen – Kräfte, vor denen die Menschenseelen schrumpfen und sterben und verkohlen müssen, wie die Körper der Menschen unter elektrischem Strom zu Schwärze verbrennen. Solche Kräfte sind nicht benennbar, sind unaussprechlich, bleiben unvorstellbar ohne Schleier und Symbol –

ein Symbol, das den meisten unter uns als dichterische Erfindung von seltsamem Reiz erscheint und manchen als alberne, törichte Fabel. Aber Sie und ich haben jedenfalls etwas von dem Schrecken begriffen, der am geheimen Ort des Lebens wohnen und sich unter menschlicher Fleischeshülle zeigen kann: daß das, was keine Form besitzt, eine Form annimmt. Oh, Austin, wie kann das sein? Wie ist es möglich, daß die Sonne sich nicht beim Anblick dieses Dings verdunkelt, daß die feste Erde nicht schmilzt und brodelt unter solch einer Last?«

Villiers ging im Zimmer auf und ab; Schweißtropfen standen ihm auf der Stirn. Austin saß eine Weile still, aber Villiers sah, wie er auf seiner Brust ein Zeichen machte.

»Ich sage es nochmals, Villiers, Sie wollen doch gewiß nicht ein solches Haus betreten? Sie würden es nicht lebend verlassen.«

»Ja, Austin, ich werde lebend wieder aus der Tür kommen – ich, und Clarke dazu.«

»Was soll das heißen? Sie können nicht – Sie würden es nicht wagen...?«

»Einen Moment. Die Luft war sehr frisch und angenehm heute morgen; ein leichter Wind wehte sogar durch diese langweilige Straße, und ich wollte einen kleinen Spaziergang machen. Piccadilly erstreckt sich in heller, klarer Perspektive vor mir, die Sonne glänzte auf den Kutschen und den zitternden Blättern im Park. Es war ein fröhlicher Morgen, und Männer und Frauen schauten in den Himmel und lächelten, während sie ihrer Arbeit oder ihrem Vergnügen nachgingen, und der Wind blies so munter wie über Wiesen und duftendes Heidekraut. Aber irgendwie spazierte ich aus dem fröhlichen Gedränge hinaus und fand mich langsam eine stille, öde Straße hinuntergehen, wo es keinen Sonnenschein und keine Luft zu geben schien und wo die wenigen Passanten stockend daherkamen und unentschlossen an Ecken oder in Einfahrten stehenblieben. Ich ging weiter und wußte kaum, wohin oder warum, doch fühlte ich mich getrieben – wie es einem gelegentlich ergeht –, immer weiter vorzudringen, mit einer unklaren Idee, ich müßte ein unbekanntes Ziel erreichen. So marschierte ich die Straße hinunter, sah den regen kleinen Geschäftsverkehr um den Milchladen und verwunderte mich über das Potpourri von Tonpfeifen, schwarzem Tabak, Süßigkeiten, Tageszeitungen und Schlagertexten, wie es sich hie und da im schmalen Rahmen eines einzigen Fensters darbot. Ich glaube, es war ein kaltes Erschauern, das mich überlief, woran ich zuerst bemerkte, daß ich gefunden hatte, was ich suchte. Ich schaute vom Pflaster auf und hielt vor einem verstaubten Ladenlokal inne, über dem die Buchstaben verblaßt waren, auf Backsteinen, die vor zweihundert Jahren rot gewesen waren und nun schwarz. Die Fenster waren mit dem Nebeldunst und Schmutz unzähliger Winter bedeckt. Ich sah, was mir not tat; aber es dauerte, glaube ich, fünf Minuten, ehe ich mich soweit gefaßt hatte, daß ich hineingehen und mit ruhiger Stimme danach fragen konnte, mit gelassener Miene. Ich glaube, selbst da noch mag ein Zittern in meine Stimme gedrungen sein, denn der alte Mann, der aus seinem Hinterstübchen hervorgekommen war und langsam zwischen seinen Waren umhertastete, sah mich seltsam an, als er das Päckchen schnürte. Ich zahlte, was er mir als Preis nannte, und blieb an die Ladentheke gelehnt stehen, mit einem eigenartigen Widerwillen, meinen Einkauf an mich zu nehmen und zu gehen. Ich erkundigte mich nach den Geschäften und erfuhr, daß sie schlecht gingen und daß der Umsatz traurig zurückgegangen war, aber dann war ja auch die Straße nicht mehr das, seit der Verkehr umgeleitet worden war, aber das war vierzig Jahre her, ›gerade bevor mein Vater starb‹, sagte er. Ich löste mich schließlich und ging rasch davon; es war eine wahrhaft trübselige Straße, und ich war froh, wieder in das Gewühl und den Lärm zurückzukehren. Möchten Sie meine Erwerbung sehen?«

Austin sagte nichts, nickte aber kurz. Er sah immer noch blaß und mitgenommen aus. Villiers zog ein Schubfach in dem Bambustischchen auf und zeigte Austin einen langen aufgerollten Strick, hart und ganz neu; an einem Ende war eine Gleitschlinge.

»Das ist bestes Hanfseil«, sagte Villiers, »genau so, wie es früher für die Profession gemacht worden ist, hat mir der Mann gesagt. Kein Zoll Jute von einem Ende zum anderen.«

Austin biß die Zähne zusammen und starrte Villiers an; er wurde weiß dabei.

»Das würden Sie nicht tun«, murmelte er endlich. »Wollen Sie Blut an den Händen haben? Mein Gott!« rief er mit plötzlicher Erregung, »das ist nicht Ihr Ernst! Villiers! Wollen Sie sich zum Henker machen?«

»Nein. Ich werde zwei Möglichkeiten anbieten und werde das Ding eine Viertelstunde mit dem Seil in einem verschlossenen Raum alleinlassen. Ist es nicht getan, wenn wir eintreten, rufe ich den nächsten Polizisten. Das ist alles.«

»Ich muß nun gehen. Ich kann nicht länger bleiben; ich kann es nicht ertragen. Gute Nacht.«

»Gute Nacht, Austin.«

Die Tür schloß sich, doch einen Augenblick später wurde sie wieder geöffnet und Austin stand entsetzlich blaß noch einmal da.

»Ich habe vergessen«, sagte er, »daß auch ich etwas zu berichten habe. Ich habe einen Brief von Dr. Harding aus Buenos Aires. Er sagt, Meyrick sei die drei Wochen vor seinem Tode sein Patient gewesen.«

»Und schreibt er, was ihn so jung hat sterben lassen? War es ein Fieber?«

»Nein, es war kein Fieber. Dem Arzt zufolge war es ein vollkommener Zusammenbruch des Organismus, wahrscheinlich verursacht durch einen schweren Schock. Aber er gibt an, daß der Patient ihm nichts dazu sagen wollte und daß er insofern die Behandlung unter etwas ungünstigen Umständen vornehmen mußte.«

»Noch etwas?«

»Ja. Dr. Harding schließt sein Schreiben, indem er sagt: ›Das ist alles, was ich Ihnen über Ihren armen Freund mitteilen kann. Er hatte sich noch nicht lange in Buenos Aires aufgehalten und kannte kaum jemand, mit Ausnahme einer Person, die nicht den besten Ruf hatte und seitdem abgereist ist – einer Mrs. Vaughan.‹«

Die Fragmente

(Unter den Papieren im Nachlaß des wohlbekannten Mediziners Dr. Robert Matheson, Ashley Street, Piccadilly, der zu Beginn des Jahres 1892 plötzlich einem Schlaganfall erlag, fand sich ein mit Bleistiftnotizen übersätes Manuskriptblatt. Diese Notizen waren in lateinischer Sprache, stark abgekürzt, und waren offensichtlich in großer Hast gemacht worden. Nur mit viel Mühe ließ sich das Manuskript entziffern, und bestimmte Wörter haben sich bis zum heutigen Tag allen Anstrengungen des herangezogenen Experten widersetzt. Das Datum »xxv. jul. 1888« steht in der rechten Ecke des ersten Blattes. Der folgende Text ist eine Übersetzung von Dr. Mathesons Manuskript.)

»Ob die Wissenschaft einen Nutzen von diesen kurzen Notizen haben könnte, kämen sie je zur Veröffentlichung, das weiß ich nicht, doch bezweifle ich es. Aber ich werde sicherlich nie die Verantwortung auf mich nehmen, auch nur ein Wort von dem, was hier geschrieben steht, öffentlich zu machen oder mitzuteilen, nicht nur des Eides wegen, den ich den zwei anderen anwesenden Personen freiwillig geleistet habe, sondern auch, weil die Einzelheiten zu ekelerregend sind. Ich werde wohl nach reiflicher Überlegung und nachdem ich Recht und Unrecht erwogen haben, diese Blätter eines Tages vernichten oder zumindest unter Siegel meinem Freund D. vermachen und seinem Urteil vertrauen – soll er sie dann gebrauchen oder verbrennen, wie er es für richtig hält.

Wie sich von selbst versteht, tat ich alles, was meine Erfahrung mir riet, um sicherzugehen, daß ich keiner Sinnestäuschung unterlag. Zuerst konnte ich vor ratlosem Erstaunen kaum einen klaren Gedanken fassen, doch nach einer Minute war ich gewiß, daß mein Puls ruhig und stetig ging und daß ich voll und ganz bei Sinnen war. Ich nahm in Gedanken die Anatomie des Fußes und des Armes durch und rief mir die Formeln einiger Karbonverbindungen ins Gedächtnis, und dann richtete ich ruhig die Augen auf das, was vor mir lag.

Obwohl Entsetzen und Übelkeit erregender Ekel in mir aufstiegen und Fäulnisgeruch mir den Atem benahm, blieb ich fest. Es war mir nun vergönnt – oder auferlegt, ich wage nicht zu entscheiden, welches das richtige Wort ist –, das, was tintenschwarz auf dem Bett lag, vor meinen Augen verwandelt zu sehen. Die Haut, das Fleisch, die Muskulatur und das Skelett und die feste Struktur des menschlichen Körpers, die ich für unveränderlich, dauerhaft und fest geformt gehalten hatte, fingen an zu zergehen und zu schmelzen.

Ich wußte, daß sich der Körper durch den äußeren Einfluß bestimmter Agenzien in seine Elemente zerlegen läßt, aber ich hätte mich geweigert, das für möglich zu halten, was ich nun sah. Denn hier war es eine mir unbekannte innere Kraft, die Verwandlung und Auflösung herbeiführte.

Auch wiederholte sich hier vor mir der Prozeß, in welchem der Mensch geschaffen wurde. Ich sah die Form zwischen Geschlecht und Geschlecht hin und her flackern, sah sie sich von sich selbst trennen und sich wieder vereinigen. Dann sah ich den Leib zu den Tieren hinabsinken, von welchen er aufgestiegen war, sah das, was auf der Höhe gelebt hatte, in die Tiefe gehen, bis hinein in den Abgrund allen Seins. Das Prinzip des Lebens, das den Organismus ausmacht, blieb sich stets gleich, während die äußere Form sich wandelte.

Das Licht im Zimmer hatte sich in vollkommene Schwärze verkehrt – nicht die Dunkelheit der Nacht, in welcher man die Gegenstände undeutlich wahrnimmt, denn sehen konnte ich klar und ohne Schwierigkeiten. Doch war es die Negation von Licht; Gegenstände standen mir vor Augen, wenn ich so sagen darf, ohne ein Medium, dergestalt, daß ein Prisma in diesem Zimmer keine Farben gebrochen hätte.

Ich sah zu, und endlich sah ich nichts anderes mehr als eine gallertartige Substanz. Dann stieg es die Stufenleiter wieder empor ... *(Hier ist das Manuskript unleserlich.)* ... einen Augenblick lang sah ich unklar eine Gestalt vor mir geformt, die ich nicht näher beschreiben will. Doch das Symbol dieser Form kann man in antiken Skulpturen sehen und auf Malereien, die unter der Lava überdauert haben, zu gemein, als daß man sie benennen könnte ... Als sich die fürchterliche und unaussprechliche Form, nicht Mensch noch Tier, wieder in Menschengestalt verwandelte, trat endlich der Tod ein.

Ich, der ich dies alles nicht ohne Entsetzen und Ekel in meiner Seele gesehen habe, unterzeichne hier mit meinem Namen und erkläre, daß alles hier auf diesem Papier Niedergeschriebene die Wahrheit ist.

Dr. med. Robert Matheson.«

... Das, Raymond, ist die Geschichte dessen, was ich weiß und was ich gesehen habe. Die Last war zu schwer, als daß ich sie alleine tragen wollte, und niemandem als Ihnen kann ich sie erzählen. Villiers, der am Ende mit mir zusammen war, weiß nichts von jenem furchtbaren Geheimnis des Waldes, weiß nicht, wie das, was wir beide sterben sahen, im freundlich duftenden Gras des Sommers lag, halb im Sonnenlicht, halb im Schatten, und, Rachels Hand in der seinen, jene Gefährten rief und beschwor und feste Gestalt, auf der von uns begangenen Erde, dem Schrecknis verlieh, das wir nur mit einem Bilde benennen können. Ich will Villiers nichts davon erzählen, noch von jener Ähnlichkeit, die mich traf wie ein Hieb aufs Herz, als ich jenes Porträt sah, das mir am Ende den Becher des Entsetzens bis zum Rand füllte. Was dies bedeuten mag, wage ich nicht zu erraten. Ich weiß, dasjenige, was ich untergehen sah, war nicht Mary, und doch sahen in der letzten Agonie Marys Augen in meine. Ob es jemanden gibt, der das letzte Glied in dieser Kette unerhörter Geheimnisse nachweisen kann, das weiß ich nicht, doch gibt es jemanden, dann, Raymond, sind Sie der Mann dazu. Und wenn Sie das Rätsel lösen können, bleibt es Ihnen überlassen, was Sie mir davon mitteilen oder verschweigen wollen.

Ich schreibe Ihnen dies gleich nach meiner Rückkehr nach London. Ich war die letzten Tage auf dem Land – vielleicht ahnen Sie, wo. Während in der Stadt das Erstaunen und Erschrecken seinen Höhepunkt fand – denn »Mrs. Beaumont« war, wie ich Ihnen gesagt habe, in der Gesellschaft wohlbekannt – schrieb ich an meinen Freund Dr. Phillips, gab ihm einen kurzen Abriß des Vorgefallenen oder besser gesagt eine Andeutung davon und bat ihn, mir den Namen des Dorfes zu nennen, wo sich die Ereignisse zugetragen hatten, die er mir erzählt hatte. Er teilte ihn mir mit – ohne lange zu zögern, wie er sagte, da Rachels Eltern tot waren und der Rest der Familie vor sechs Monaten zu einem Verwandten im Staate Washington übergesiedelt war. Die Eltern waren, meinte er, ohne Zweifel an Gram und Grauen über den furchtbaren Tod ihrer Tochter und über das, was diesem vorausging, gestorben. Am Abend des Tages, da Phillips' Brief ankam, war ich in Caermaen und stand vor den zerfallenen römischen Mauern, weißgewaschen von den Wintern in siebzehnhundert Jahren. Ich sah über die Wiese hin, wo einst der ältere Tempel des »Gottes der Tiefen« gestanden hatte, und sah ein Haus im Sonnenschein leuchten. Es war das Haus, wo Helen gewohnt hatte. Ich blieb einige Tage in Caermaen. Die Leute am Ort wußten, wie ich herausfand, wenig und hatten noch weniger begriffen. Diejenigen, mit denen ich über die Angelegenheit sprach, schienen überrascht, daß ein lokalhistorisch interessierter Geschichtsforscher – so hatte ich mich eingeführt – sich mit einer Dorftragödie abgeben sollte, die sie für höchst gewöhnlich hielten. Wie Sie sich denken können, teilte ich ihnen nichts von meinem Wissen mit. Ich verbrachte den größten Teil meiner Zeit in dem großen Wald, der sich gleich hinter dem Dorf den Berg emporzieht und dann ins Flußtal abfällt – auch so ein langes schönes Tal wie das, Raymond, auf welches wir an einem Sommerabend hinuntergesehen haben, als wir vor Ihrem Haus auf und ab gingen. Viele Stunden durchstreifte ich das Waldlabyrinth, wandte mich einmal nach rechts, dann wieder nach links, schritt durch lange alleenförmige Unterholzwege, schattendunkel und kalt selbst unter der Mittagssonne, und blieb unter großen Eichen stehen. Ich lag auf dem kurzen Gras einer Lichtung, wo der schwache süße Duft wilder Rosen mir vom Wind zugetragen wurde und sich mit dem schweren Geruch des Holunders vermischte, der wie der Geruch einer Totenkammer ist, ein Anwehen von Weihrauch und Verfall. Ich stand am Waldrand an grobgeformten Böschungen, wo die Fingerhutstauden in Pracht und Pomp zwischen dem Farn aufmarschierten, hochaufragend und glänzend im kräftigen Sonnenschein, und sah in den dichten Unterholzgestrüppen Quellen aus dem Fels hervorsprudeln, die feuchtes Unkraut nähren, klamm und böse. Aber auf all meinen Wanderungen vermied ich einen Teil des Waldes – erst gestern erstieg ich die Höhe des Hügels und stand auf der alten Römerstraße, die sich den Kamm der Waldung entlangzieht. Hier waren sie gegangen, Helen und Rachel, auf diesem stillen Höhenweg, auf dieser zu beiden Seiten von hohen Böschungen aus rotem Erdreich begleiteten grünen Grasnarbe über den alten Steinen, zwischen hohen Hecken von Buchen mit glänzendem Laub, und hier folgte ich ihren Schritten und sah hie und da durch Öffnungen zwischen den Zweigen hinaus, wo auf der einen Seite sich der Wald weit nach rechts und links ausdehnte, um in die weite Ebene abzusinken, und dahinter lag die gelbe See und das Land jenseits der See. Auf der anderen Seite lagen Tal und Fluß, und ein Hügel folgte dem anderen wie Welle auf Welle, mit Wald und Wiese, Kornfeld und leuchtendweißen Häusern und einer großen Bergeswand und fernen blauen Gipfeln im Norden. Und so kam ich endlich an den Ort. Der Weg führte eine sanfte Steigung hinauf und verbreiterte sich zu einem offenen, von einem dichten Wall aus Unterholz umschlossenen Raum, um dann wieder schmal zu werden und in die Ferne und den schwachen blauen Dunst der Sommerwärme zu entschwinden. Und in diese heitere Sommerlichtung trat Rachel als Mädchen und verließ sie als – wer will sagen, was? Ich blieb nicht lange.

In einer kleinen Stadt in der Nähe von Caermaen gibt es ein Museum, das zum größten Teil römische Überreste aufbewahrt, die zu verschiedenen Zeiten in der Umgebung gefunden worden sind. Am Tag nach meiner Ankunft in Caermaen ging ich in diese Stadt hinüber und benützte die Gelegenheit, das Museum anzuschauen. Nachdem ich schon das meiste an Skulpturen, Sarkophagen, Ringen, Münzen und Mosaikfragmenten gesehen hatte, zeigte man mir eine kleine viereckige Säule aus weißem Stein, die kürzlich in dem Wald entdeckt worden war, von dem ich sprach, und zwar, wie ich auf meine Frage hin erfuhr, auf jener Lichtung, wo die Römerstraße breiter wird. Auf der einen Seite trug die Säule eine Inschrift, die ich mir notierte. Einzelne Buchstaben waren zerstört, aber ich glaube, es kann hinsichtlich der von mir ergänzten kein Zweifel bestehen. Die Inschrift lautet folgendermaßen:

DEVUMNODENT*i*
FLA*v*IVSSENILISPOSV*it*
PROPTERNVP*tias*
*qva*SVIDITSVBVMB*ra*

»Dem großen Gotte Nodens (Gott der Großen Tiefe oder des Abgrundes) hat Flavius Senilis diese Säule errichtet, um der Hochzeit willen, die er unter dem Schatten sah.«

Der Museumskustos sagte mir, die Altertumsforscher der Gegend seien einigermaßen ratlos – nicht wegen der Inschrift an sich oder irgendwelcher Schwierigkeiten, sie zu übersetzen, sondern vor der Frage, auf welchen Umstand oder Ritus sie anspielen mag.

... Und nun, mein lieber Clarke, zu dem, was Sie mir über Helen Vaughan erzählen, welche Sie, wie Sie schreiben, unter äußerst und beinahe unglaublich schrecklichen Umständen sterben sahen. Ich fand Ihren Bericht interessant, aber ein gut Teil dessen, was Sie mir mitteilen, eigentlich alles, wußte ich bereits. Ich kann die seltsame Ähnlichkeit, die Ihnen sowohl an dem Porträt wie an dem Gesicht selbst aufgefallen ist, gut verstehen: Sie haben einst Helens Mutter gesehen. Sie erinnern sich des ruhigen Sommerabends vor so vielen Jahren, als ich zu Ihnen von der Welt jenseits der Schatten sprach und vom Großen Pan. Sie werden sich an Mary erinnern. Sie war die Mutter von Helen Vaughan, die neun Monate nach dieser Nacht geboren wurde.

Mary erlangte nie mehr den Verstand zurück. Sie lag, wie Sie sie sahen, die ganze Zeit auf dem Bett, und einige Tage nach der Geburt des Kindes starb sie. Ich glaube, im letzten Augenblick erkannte sie mich wieder; ich stand am Bett, und der alte lebendige Ausdruck trat eine Sekunde lang in ihre Augen, und dann erschauerte sie und stöhnte und starb. Ich habe schlimm gehandelt in jener Nacht, als Sie bei mir waren; ich brach die Tür zum Haus des Lebens auf, ohne zu wissen und ohne mich darum zu bekümmern, was heraustreten oder hineinkommen mochte. Ich weiß noch, wie Sie mir damals sagten – scharf genug, und auch mit genügend Berechtigung, in gewissem Sinne –, ich hätte den Verstand eines Menschen durch ein törichtes Experiment zerstört, das auf einer absurden Theorie basierte. Sie taten gut daran, mir den Vorwurf zu machen, aber ganz absurd war meine Theorie nicht! Was ich voraussagte, sah Mary, nur vergaß ich, daß kein Menschenauge eines solchen Anblicks ungestraft teilhaftig wird. Und ich vergaß, wie ich es eben formulierte, daß in das solcherart geöffnete Haus des Lebens das eintreten kann, wofür wir keinen Namen haben, und daß das menschliche Fleisch die Hülle eines Schreckens werden kann, den auszudrücken niemand wagt. Ich habe mit Energien gespielt, die ich nicht begriff, und Sie haben die Folgen davon am Ende gesehen. Helen Vaughan tat recht, sich den Strick um den Hals zu legen und zu sterben, war der Tod auch furchtbar. Das schwarz anlaufende Gesicht, die entsetzliche Gestalt auf dem Bett (die vor Ihren Augen sich veränderte und zerfloß, von Frau zu Mann, von Tier zu Tier und von Tier zu Schlimmerem als je ein Tier), all das Seltsame und Fürchterliche überrascht mich kaum. Sie sagen, der Arzt, den Sie kommen ließen, erschauerte vor dem, was er da sah – ich war dessen längst innegeworden. Ich wußte, was ich getan hatte, sobald das Kind zur Welt kam; und als es kaum fünf Jahre alt war, überraschte ich es – nicht ein- oder zweimal, sondern viele Male – mit einem Spielgefährten: Sie mögen erraten, welcher Art. Das Kind war für mich ein ständiges, Fleisch gewordenes Entsetzen, und nach ein paar Jahren glaubte ich, es nicht länger ertragen zu können, und ich schickte Helen Vaughan fort. Sie wissen nun, was den Knaben im Wald erschreckt hat. Den Rest der merkwürdigen Geschichte und alles andere, was Sie mir als Entdeckung Ihres Freundes mitteilen, habe ich von Zeit zu Zeit in Erfahrung bringen können, beinahe bis zum letzten Kapitel. Und nun ist Helen bei ihren Gefährten...

Anmerkung: Helen Vaughan wurde am 5. August 1865 im Red House, Breconshire, geboren; sie starb am 25. Juli 1888 in ihrem Haus in der Nähe des Piccadilly, in jener Straße, die in der Geschichte Ashley Street heißt.

DAS INNERSTE LICHT

I

An einem Herbstabend, als Londons Mißgestalt sich in einen feinen blauen Dunst gehüllt hatte und die fern sich erstreckenden Straßen und weiten Ausblicke der Stadt wunderbar schienen, schritt Mr. Charles Salisbury langsam die Rupert Street hinunter und näherte sich langsam seinem Lieblingsrestaurant. Er hatte den Blick aufmerksam auf die Pflastersteine gerichtet, und so stieß unter der schmalen Eingangstür ein Mann, der vom unteren Ende der Straße herankam, halb mit ihm zusammen.

»Bitte entschuldigen Sie – ich habe gar nicht geschaut, wo ich hingehe. Aber... Dyson!«

»Stimmt. Wie geht es Ihnen, Salisbury?«

»Ganz gut. Aber wo haben Sie denn gesteckt, Dyson? Ich glaube, es ist an die fünf Jahre her, daß wir uns gesehen haben?«

»So lange wird es wohl sein. Sie erinnern sich vielleicht, daß ich damals in ziemlichen Schwierigkeiten war, als Sie mich in der Charlotte Street besuchten?«

»Noch ganz genau. Ich glaube, Sie sagten mir damals, Sie schuldeten fünf Wochen Miete und hätten sich für eine vergleichsweise geringe Summe von Ihrer Uhr getrennt.«

»Mein lieber Salisbury, Ihr Gedächtnis ist bewundernswert! Ja, ich war ziemlich in der Klemme. Eigenartigerweise wurde die Klemme, kurz nachdem wir uns getroffen hatten, noch viel enger. Meine finanzielle Lage wurde von einem Freund mit ›völlig abgebrannt‹ bezeichnet. Ich billige Slangausdrücke eigentlich nicht, aber so war mein Zustand in der Tat. Doch jetzt gehen wir erst einmal hinein – vielleicht möchten andere Leute auch etwas essen, es ist das eine menschliche Schwäche, Salisbury.«

»Gewiß doch, kommen Sie. Ich habe mich schon auf dem

Weg hierher gefragt, ob der Ecktisch wohl frei ist. Da ist die Lehne samtbezogen, wissen Sie.«

»Den Platz kenne ich, er ist gerade leer. Ja, also, wie gesagt, die Klemme zog sich immer enger zusammen.«

»Und was haben Sie da gemacht?« fragte Salisbury, hängte seinen Hut auf und nahm den Eckplatz auf der Bank ein, mit einem Blick zärtlicher Erwartung auf die Speisekarte.

»Was habe ich gemacht? Ich habe mich natürlich hingesetzt und nachgedacht. Ich hatte eine gute humanistische Erziehung und eine ausgeprägte Abneigung gegenüber Geschäften jedweder Art: Das war das Kapital, mit dem ich der Welt entgegentrat! Können Sie sich übrigens vorstellen, daß es Leute gibt, die Oliven als unangenehm bezeichnen? Ich habe es selbst gehört. Bedauernswerte Philister! Ich habe mir oft gedacht, Salisbury, daß ich unter dem Einfluß von Oliven und Rotwein große Gedichte schreiben könnte. Trinken wir Chianti; er ist vielleicht nicht besonders gut, aber die Flaschen sind einfach reizend.«

»Er ist nicht schlecht hier. Wir können gleich eine große Flasche bestellen.«

»Ausgezeichnet. Ich dachte also über meine mangelnden Berufsaussichten nach und beschloß, mich auf die Literatur zu stürzen.«

»Tatsächlich. Wie merkwürdig. Und doch machen Sie mir den Eindruck, als ob Sie ganz bequem existieren könnten.«

»›Und doch‹! Welch schnöder Spott über einen noblen Beruf! Ich fürchte, Salisbury, Sie haben nicht die richtige Vorstellung von der Würde eines Künstlerlebens. Sie sehen mich an meinem Schreibtisch sitzen – Sie können es zumindest, wenn Sie mich einmal besuchen wollen – mit Feder und Tinte und ansonsten dem schlichten Nichts vor mir, und wenn Sie dann in ein paar Stunden wiederkommen, dann finden Sie (mit hoher Wahrscheinlichkeit) eine neue Schöpfung!«

»Durchaus, durchaus. Ich hatte immer gedacht, daß die Literatur sich kaum lohnt.«

»Sie irren sich, dem Schriftsteller winkt reicher Lohn! Ich

darf übrigens erwähnen, daß ich kurz nach unserer letzten Begegnung eine kleine Erbschaft gemacht habe. Ein Onkel ist gestorben und hat sich als unerwartet generös erwiesen.«

»Ich verstehe. Das muß sehr praktisch gewesen sein.«

»Es war angenehm – unbezweifelbar angenehm. Ich habe dieses Erbe immer als das Stiftungskapital für meine Forschungen betrachtet. Ich habe Ihnen gesagt, ich sei ein Literat, aber vielleicht hätte ich mich eher als einen Mann der Wissenschaft bezeichnen sollen.«

»Liebe Zeit, Dyson, Sie haben sich tatsächlich in den letzten paar Jahren sehr verändert! Und ich hatte immer gedacht, ich darf es Ihnen sagen, Sie seien eine Art Flaneur, die Sorte Müßiggänger, die man täglich von Mai bis Juli auf der Nordseite des Piccadilly trifft.«

»Ganz recht. Schon damals habe ich mich vorbereitet, wenn auch ganz unbewußt. Sie wissen ja, mein guter Vater konnte es sich nicht leisten, mich auf eine Universität zu schicken. In meiner Ignoranz habe ich mich oft darüber beklagt, daß meine Erziehung keinen Abschluß bekam – das war die Torheit der Jugend, Salisbury! Meine Universität war der Piccadilly. Da begann ich mit dem Studium der großen Wissenschaft, die mich noch jetzt beschäftigt.«

»Welche Wissenschaft meinen Sie?«

»Die der großen Stadt; die Physiologie von London – buchstäblich wie metaphysisch der größte Gegenstand, den sich der Menschengeist vorstellen kann. Was ist das doch für ein wunderbares Ragout – zweifellos das Schwanzstück vom Fasan. Ja, manchmal bin ich geradezu überwältigt beim Gedanken an die Ausdehnung und an die Komplexität von London. Paris kann man schließlich nach gewissen Studien gründlich kennenlernen, aber London bleibt immer ein Mysterium. In Paris kann man sagen: Hier leben die Schauspielerinnen, da die Bohémiens, hier die *ratés*, aber in London ist das ganz anders. Da kann man auf eine Straße weisen und ganz zu Recht sagen: Hier wohnen die Waschfrauen, aber gleichzeitig studiert vielleicht dort im zweiten Stock einer chaldäische

Wurzelsilben, und in der Dachstube gegenüber stirbt ein vergessener Maler vor sich hin.«

»Ich sehe, Sie sind der alte Dyson, unverändert und unveränderlich«, sagte Salisbury und trank langsam von seinem Chianti. »Ich glaube, eine allzu glühende Vorstellungskraft führt Sie irre – das Mysterium von London existiert nur in Ihrer Einbildung. Mir scheint diese Stadt eher banal. Wir hören kaum je von einem wirklich künstlerischen Verbrechen in London, während Paris, glaube ich, reich an solchen Episoden ist.«

»Gießen Sie mir doch noch etwas ein. Danke. Da irren Sie sich, mein Bester, da irren Sie sich ganz gewaltig. London braucht sich seiner Verbrechen wahrhaftig nicht zu schämen. Homer fehlt uns, nicht Agamemnon! *Carent quia vate sacro*, Sie wissen doch.«

»Ich erinnere mich an das Zitat. Aber ich kann Ihnen eigentlich nicht bei Ihrem Gedanken folgen.«

»Um es klar zu sagen: Wir haben keine guten Autoren in London, die sich speziell mit so etwas befassen. Unser normaler Reporter ist ein Langweiler – jede Geschichte, die er zu erzählen hat, verdirbt er. Seine Vorstellung vom Entsetzlichen und davon, was einen entsetzt, ist so unzulänglich. Diesen Burschen stellt nichts zufrieden außer Blut, vulgärem rotem Blut, und wenn das zu haben ist, trägt er es dick auf und meint, jetzt habe er einen eindringlichen Artikel geschrieben. Sehr unbedarft. Und durch irgendeinen fatalen Zusammenhang werden immer die trivialsten und brutalsten Morde groß herausgestrichen und erregen das meiste Aufsehen. Zum Beispiel bin ich mir ziemlich sicher, daß Sie noch nie vom Harlesden-Fall gehört haben.«

»Nein – nein, ich kann mich da an nichts erinnern.«

»Natürlich nicht. Und doch ist das eine merkwürdige Geschichte. Ich will Sie Ihnen nun beim Kaffee erzählen. Harlesden ist, wie Sie wissen beziehungsweise wahrscheinlich nicht wissen, eine weit draußen gelegene Vorstadt von London; ganz seltsam verschieden von den ehrwürdig-soliden alten Vororten à la Norwood oder Hampstead, so unterschiedlich diese wiederum sein mögen. Ich meine, Hampstead ist die Adresse für den Direktor einer großen Chinahandelsgesellschaft, der mit drei Morgen Land und Holzpavillons im Park wohnt, wenn es dort auch seit neuestem eine kleine Fraktion von Künstlern gibt, und in Norwood, da wohnt die wohlhabende Mittelstandsfamilie, die ihr Haus gemietet hat, weil es ›so praktisch in der Nähe vom Crystal Palace‹ gelegen ist, und die den Palace nach einem halben Jahr satt hat. Aber Harlesden ist ein Ort ohne eigenen Charakter. Dazu ist es zu neu. Da stehen Reihen von ziegelroten Häusern und Reihen von hellen Häusern, und man sieht die leuchtendgrünen Jalousien und die grellgestrichenen Eingangstüren und die kleinen Hinterhöfe, die man Gärten nennt, und ein paar schwachbrüstige Lädchen, und gerade, wenn man glaubt, die Physiognomie dieser Siedlung erfaßt zu haben, löst alles sich auf und zergeht.«

»Wie geht das zu? Die Häuser werden ja wohl nicht vor den Augen des Betrachters zerbröckeln, oder?«

»Nun, das nicht gerade, nein. Aber Harlesden als Zusammenhang, als Wesenheit verschwindet. Die Straße verwandelt sich in einen ruhigen Feldweg, die grellen Häuser in Ulmenbäume und die Gärtchen dahinter in grüne Wiesen. Man tritt unmittelbar von der Stadt aufs Land über, es gibt keinen sanften Übergang wie in einem kleinen Provinzstädtchen, keine Abstufungen mit größeren Rasenflächen und Obstgärten, mit langsam aufgelockerter Bebauung, nur ein abruptes Anhalten. Ich glaube, die Leute, die da wohnen, gehen meist zur Arbeit in die City. Ich habe ein-, zweimal einen Bus in diese Richtung abfahren sehen. Aber wie dem auch sei, ich kann mir in der Wüste zur Mitternacht keine größere Einsamkeit vorstellen, als sie dort zur Mittagsstunde herrscht. Es ist wie eine Totenstadt – die Straßen liegen gleißend und öde da, und wenn man vorbeigeht, denkt man plötzlich: Auch das ist ein Teil von London. Nun, vor ein oder zwei Jahren wohnte dort ein Arzt – er hatte sein Messingschild und seine rote

Lampe am äußersten Ende einer dieser langen Straßen angebracht, und hinter dem Haus erstreckten sich die Wiesen und Felder weit gen Norden. Ich weiß nicht, was ihn dazu brachte, sich in einer solch entlegenen Ecke niederzulassen, aber vielleicht war Dr. Black (wie wir ihn nennen wollen) ein vorausschauender Mann, der weit in die Zukunft plante. Seine Verwandten hatten ihn, wie sich später herausstellte, seit vielen Jahren aus den Augen verloren und wußten nicht einmal, daß er nun Arzt war, geschweige denn, wo er wohnte. Doch da war er nun, in Harlesden, mit einer recht bescheidenen Praxis und einer außergewöhnlich hübschen Gattin. Die Leute sahen sie bald nach ihrer Ankunft in Harlesden oft an Sommerabenden zusammen spazierengehen, und soweit man es beurteilen konnte, schienen sie einander zärtlich zugetan. Diese Spaziergänge setzten sich in den Herbst hinein fort und hörten dann auf; aber mit dem Dunkelwerden der Nachmittage und dem Vordringen der Kälte verloren die Wiesenwege um Harlesden ja wohl auch viel von ihrem Reiz. Den ganzen Winter lang sah niemand etwas von Mrs. Black; auf die Erkundigungen seiner Patienten pflegte der Doktor zu erwidern, sie sei ›nicht sehr gut beisammen, würde sich aber im Frühjahr sicherlich wieder wohler fühlen‹. Doch das Frühjahr kam, und schließlich fingen die Leute an zu flüstern, Gerüchte gingen um, und alle möglichen wilden Vermutungen wurde in den Haushaltungen von Harlesden beim sogenannten High Tea ausgetauscht, der einzigen Form von Gesellschaftsunterhaltung in solchen Vororten, wie Sie vielleicht schon gehört haben. Dr. Black fing nun da und dort sehr eigenartige Blicke ein, und seine ohnehin kleine Praxis schrumpfte sichtlich zusammen. Kurz: Wenn die Nachbarn zusammen flüsterten, dann kreiste das Geflüster darum, daß Mrs. Black tot war und daß der Doktor sie beseitigt hatte. Aber das war nicht der Fall: Mrs. Black wurde im Juni lebend gesehen. Es war ein Sonntagnachmittag, einer der wenigen wahrhaft wunderbaren Tage, die das englische Klima zu bieten hat, und halb London hatte sich aufgemacht und war hinaus ins Grüne gezogen, nach Norden, Süden, Osten und Westen, um den Duft des Weißdorns einzuatmen und nachzusehen, ob in den Hecken die wilden Rosen blühten. Ich war selbst früh am Morgen aufgebrochen und hatte eine lange Wanderung gemacht, und irgendwie geriet ich auf dem Weg nach Hause in eben dieses Harlesden. Genau gesagt: ich trank ein Bier im ›General Gordon‹, der lebhaftesten Wirtschaft des Stadtviertels, und als ich dann ziemlich ziellos weiterschlenderte, sah ich eine ungewöhnlich verführerische Lücke in einer Hecke am Wegesrand und beschloß, die Wiese dahinter zu erforschen. Weiches Gras tut den Füßen außerordentlich wohl nach dem infernalischen Schotter dieser vorstädtischen Gehsteige, und nachdem ich eine Zeitlang so dahingegangen war, wollte ich mich auf eine Böschung setzen und eine Pfeife rauchen. Während ich meinen Tabaksbeutel herauszog, blickte ich auf in Richtung der Häuser, und dabei fühlte ich meinen Atem stocken, und meine Zähne begannen zu klappern, und der Stock, den ich in der einen Hand hielt, brach unter meinem Griff in zwei Stücke. Es war, als jage ein elektrischer Stromstoß meine Wirbelsäule hinab, und doch dabei so, daß ich mich einen langen Augenblick – der sehr kurz gewesen sein muß – verwundert fragte, was denn mit mir los sei. Dann wußte ich, was mir das Herz erbeben ließ, warum sich meine Zähne qualvoll aneinander rieben. Bei meinem Aufschauen hatte ich direkt zu dem letzten Haus in der Reihe vor mir hinübergesehen, und an einem der oberen Fenster dieses Hauses hatte ich einen Sekundenbruchteil lang ein Gesicht erblickt. Es war das Gesicht einer Frau, und doch war es nicht menschlich. Sie und ich, Salisbury, haben zu unserer Zeit auf unseren Plätzen in der Kirche bei einem nüchternen englischen Gottesdienst von einer unstillbaren Lust gehört und von einem Feuer, das nicht verlöscht, aber wenige von uns haben einen Begriff davon, was diese Worte bedeuten. Ich hoffe, Sie erfahren es nie, denn als ich dieses Gesicht am Fenster sah, den blauen Himmel über mir und die warme, sich leicht regende Luft um mich her, da wußte ich: ich hatte in eine andere Welt geschaut – hatte durch das Fenster eines banalen Neubauhauses geschaut und die Hölle offen vor mir liegen sehen. Als der erste Schock vorüber war, dachte ich ein-, zweimal, ich würde nun ohnmächtig werden; kalter Schweiß troff mir vom Gesicht, und ich holte schluchzend Atem, als wäre ich fast ertrunken. Endlich vermochte ich aufzustehen und ging zur Straße, und da sah ich den Namen ›Dr. Black‹ am Torpfosten der Gartentüre. Wie es mein Glück oder Schicksal wollte, öffnete sich die Haustür, und ein Mann kam die Stufen herunter, als ich vorüberging. Ich war mir nicht im Zweifel, daß dies der Doktor selber war. Ein in London recht häufiger Typus: lang und hager, mit einem etwas käsigen Gesicht und einem stumpfschwarzen Schnurrbart. Er warf mir einen Blick zu, als wir auf dem Gehsteig aneinander vorbeikamen, und obwohl es nur der beiläufige Seitenblick eines Passanten auf den anderen war, hatte ich das stark ausgeprägte Gefühl, daß man es hier mit einem sehr unangenehmen Zeitgenossen zu tun hätte. Wie Sie sich vorstellen können, ging ich am Ende höchst verwirrt und erschreckt von dem, was ich gesehen hatte, meiner Wege – denn ich hatte dem ›General Gordon‹ noch einen Besuch abgestattet und dort ein gut Teil des Lokalklatsches mitbekommen. Ich erwähnte dabei die Tatsache nicht, daß ich ein Frauengesicht am Fenster gesehen hatte; aber ich hörte, daß Mrs. Black wegen ihres schönen goldenen Haars sehr bewundert worden war, und um das, was mir einen solch namenlosen Schrecken eingejagt hatte, stand ein Dunst wallender goldblonder Haare, wie eine Gloriole um die Fratze eines Satyrs. Das Ganze beunruhigte mich unbeschreiblich, und als ich nach Hause gekommen war, versuchte ich, nach bestem Vermögen an den Vorfall wie an eine bloße Sinnestäuschung zu denken, doch es nützte nichts. Ich wußte sehr wohl, daß ich gesehen hatte, was ich Ihnen mitzuteilen versuchte, und es gab für mich keinen Zweifel, daß es Mrs. Black gewesen war. Dazu kam der Klatsch im Ort, der Verdacht, es sei eine Untat geschehen (der, wie ich wußte, irrig war), und meine eigene Überzeugung, daß irgendein tödliches Unwesen in diesem frisch-roten Haus an der Ecke der Devon Road getrieben wurde: Wie war aus diesen beiden Elementen eine vernünftige Theorie zu entwickeln? Kurz, ich fand mich in einer Welt des Geheimnisvollen – ich zerbrach mir den Kopf und verwob in meinen Mußestunden die Fäden seltsamer Spekulationen, doch einer wahren Lösung kam ich keinen Schritt näher, und wie die Sommertage vergingen, wurde die Sache nebelhaft undeutlich, ein unklar verhülltes Schrecknis, wie ein Alptraum vom letzten Monat. Ich nehme an, bald wäre das alles in den Hintergrund meiner Erinnerung getreten – ganz vergessen hätte ich es nicht, denn so etwas läßt sich nie vergessen –, aber eines Morgens, als ich die Zeitung überflog, blieb mein Blick an einer Überschrift hängen, die eine Meldung von etwa zwei Dutzend Zeilen in kleinem Druck einleitete. Die Worte, die ich da gesehen hatte, waren schlicht: ›Der Harlesden-Fall‹, und ich wußte schon, was ich lesen würde. Mrs. Black war tot. Black hatte einen anderen Arzt hinzugezogen, um die Todesursache beurkunden zu lassen, und irgend etwas hatte das Mißtrauen des fremden Arztes erweckt, so daß es zu einer gerichtlichen Untersuchung und einer Obduktion gekommen war. Und das Ergebnis? Das, muß ich gestehen, hat mich sehr erstaunt – es war der Triumph des Unerwarteten. Die beiden Ärzte, welche die Obduktion vornahmen, mußten zugeben, daß sie nicht die leiseste Spur eines Verbrechens finden konnten – ihre subtilsten Tests und Reagenzien konnten auch nicht die winzigste Quantität Gift nachweisen. Der Tod, gaben sie an, sei durch eine recht obskure und wissenschaftlich nicht uninteressante Form von Gehirnerkrankung eingetreten. Das Gewebe des Gehirns, die Moleküle der Hirnsubstanz hatten eine höchst unerwartete Reihe von Veränderungen durchlaufen, und der jüngere der beiden Ärzte, meines Wissens ein Mann mit einem gewissen Ruf als Spezialist für Gehirnchirurgie, machte in seiner Zeugenaussage einige Bemerkungen, die sich mir tief einprägten, obwohl ich das ganze Ausmaß ihrer Bedeutung damals nicht begriff. Er sagte: ›Zu Beginn der Untersuchung war ich erstaunt, Indizien vorzufinden, deren

Charakter mir vollkommen fremd war, obwohl ich auf diesem Gebiet über eine gewisse Erfahrung verfüge. Ich muß diese Phänomene hier nicht näher benennen; es wird ausreichen, wenn ich sage, daß ich im weiteren Verlauf der Autopsie kaum glauben konnte, daß das Gehirn vor mir tatsächlich das eines menschlichen Wesens war.‹ Auf diese Aussage reagierte man, wie Sie sich denken können, mit einer gewissen Überraschung, und der Untersuchungsrichter fragte den Arzt, ob er sagen wolle, das Hirn habe dem eines Tieres geähnelt. ›Nein‹, antwortete er, ›so möchte ich es nicht formulieren. Einige der beobachteten Phänomene wiesen zwar in diese Richtung, andere jedoch, und zwar die erstaunlichsten, deuteten auf eine Organisation des Nervensystems hin, die völlig anderer Natur war als beim Menschen sowohl wie bei den niedereren Tieren.‹ Eine eigenartige Aussage, aber natürlich erkannten die Geschworenen auf Tod aus natürlichen Ursachen, und soweit es die Öffentlichkeit betraf, war der Fall abgeschlossen. Doch nachdem ich gelesen hatte, was der Doktor ausführte, beschloß ich, daß ich mehr wissen wollte, und ich begann mit einer Untersuchung, die interessant zu werden versprach. Es war gar nicht einfach, aber ich hatte einen gewissen Erfolg. Allerdings – du liebe Zeit, mein Bester, ich hatte ja keine Ahnung, wie spät es schon ist. Ist Ihnen klar, daß wir fast vier Stunden hier gesessen haben? Die Kellner starren uns an. Zahlen wir, gehen wir!«

Die beiden Männer gingen schweigend hinaus und blieben einen Augenblick in der kühlen Luft stehen, um den Verkehr der Coventry Street vorbeieilen zu sehen, vom Geklingel der Droschken und den Rufen der Zeitungsjungen untermalt; das tiefe ferne Murmeln Londons drang hie und da unter diesen grelleren Geräuschen wie eine Woge hervor.

»Ein seltsamer Fall, oder nicht?« fragte Dyson schließlich. »Was halten Sie davon?«

»Mein Lieber, ich kenne das Ende noch nicht, also behalte ich mir das Urteil vor. Wann lassen Sie mich die Fortsetzung hören?«

»Kommen Sie abends einmal bei mir vorbei – sagen wir Donnerstag in einer Woche. Hier haben Sie meine Adresse. Gute Nacht! Ich will zum Strand hinüber.«

Dyson rief eine vorbeirollende Droschke, und Salisbury wandte sich nach Norden, um zu Fuß heimzugehen.

II

Mr. Salisbury war (wie man wohl den wenigen Bemerkungen entnehmen kann, die einzuwerfen ihm im Laufe des Abends gelungen war) ein junger Herr von äußerst sprödem und solidem Intellekt, dem Geheimnis und dem Ungewöhnlichen gegenüber scheu und zurückhaltend und mit einem idiosynkratischen Mißtrauen allen Paradoxien gegenüber. Während des Essens im Restaurant war er gezwungen gewesen, in beinahe völligem Schweigen einem seltsamen Gewirk von Unwahrscheinlichkeiten zu lauschen, zusammengeknüpft von der agilen Phantasie eines geborenen Geheimniskrämers, der sich eifrig in alle Rätsel einmischte. Mit einem Gefühl der Ermüdung überquerte er nun die Shaftesbury Avenue und tauchte in das Innere von Soho ein, denn seine Wohnung lag in einer bescheidenen Nachbarschaft nördlich der Oxford Street. Im Dahingehen dachte er darüber nach, wie wohl Dysons Schicksale gewesen wären, hätte er sich, von seinem taktvollen Verwandten nicht bedacht, ganz auf die Literatur verlassen – und er kam zu dem Schluß, daß solcher Scharfsinn im Verein mit einer so blühenden Phantasie fast unumgänglicherweise mit dem flatternden Fähnchen eines Theaterstatisten oder dem würdevollen Papierstapel eines Handzettelverteilers belohnt worden wäre. In solche Gedanken versunken und voller Bewunderung für die bedauerliche Geschicklichkeit, die aus dem Gesicht einer kranken Frau und einem Fall von Gehirnerkrankung die Elemente eines grobgenähten phantastischen Abenteuers zog, streifte Salisbury durch die schwach erleuchteten Straßen und bemerkte kaum die Windstöße, die scharf um die Ecken fuhren und auf dem Gehsteig die zerstreuten Abfälle in kleinen Wirbeln in die Luft hoben, während sich vor dem kränklichgelben Mond schwarze Wolken sammelten. Selbst ein, zwei einzelne Regentropfen, die ihm ins Gesicht wehten, weckten ihn nicht aus seinen Meditationen, und erst als Sturm und Regen mit einem Male die Straße herunterfegten, fing er an, sich zu überlegen, daß er besser irgendwo Schutz suchen sollte. Der Wind warf den Regen mit der Gewalt eines Gewitters daher; das Wasser spritzte von den Pflastersteinen auf und zischte durch die Luft, und bald schoß ein Sturzbach die Abflußrinnen entlang und bildete über den verstopften Gullys ganze Teiche. Die wenigen vereinzelten Passanten, die auf der Straße mehr herumgelungert hatten, als daß sie einem Ziel entgegengegangen wären, waren wie verängstigte Kaninchen rasch in irgendwelche unsichtbaren Verstecke gerannt, und obwohl Salisbury laut und lange nach einer Droschke pfiff, ließ sich keine Droschke sehen. Er blickte sich um, wie weit entfernt er wohl vom sicheren Hafen der Oxford Street sein mochte, doch sein achtloses Einherschlendern hatte ihn von seinem Wege abgebracht, und er fand sich in einer unbekannten Gegend, in der es offenbar noch nicht einmal eine Wirtschaft gab, wo man sich für die bescheidene Summe von Twopence ein Dach über dem Kopf erwerben konnte. Die wenigen, weit voneinander entfernt stehenden Straßenlaternen brannten hinter schmutzverschmiertem Glas trübe wie Öllämpchen, und in dem flakkernden Licht konnte Salisbury schattenhaft die weitläufigen alten Häuser dieser fremden Stadt ausmachen. Im Weitereilen – wobei er versuchte, der vollen Wucht des Regens auszuweichen – bemerkte er zahllose Klingelzüge, darunter auf Messingplättchen gravierte Namen, die vor lauter Alter schon verschwunden schienen, und hier und dort ein reichgeschnitztes Holzdach über dem Eingang, schwarz vom Staub von fünfzig Jahren. Der Sturm schien zorniger und zorniger zu toben, Salisbury war völlig durchnäßt, sein neuer Hut eine Ruine, und noch immer schien die Oxford Street so fern wie je; mit großer Erleichterung sah der triefende Mann vor sich einen dunklen Torbogen, der Schutz vor dem Regen, wenn schon nicht unbedingt vor dem Wind, versprach. Salisbury stellte sich in den trockensten Winkel und schaute sich um: Er stand in einer Art Durchlaß, der unter einem Teil eines Hauses hindurchführte, und hinter ihm zog sich ein schmaler Fußweg zwischen leeren Wänden in unbekannte Regionen. Er hatte schon einige Zeit dort gestanden (und vergeblich sowohl versucht, einen Teil seiner Nässe loszuwerden, wie lauschend einen Hinweis auf eine vorbeifahrende Droschke zu erhaschen), als ein lautes Geräusch seine Aufmerksamkeit erregte, das aus der Richtung des Durchgangs hinter ihm drang und im Näherkommen lauter wurde. Nach einigen Augenblicken erkannte er die schrille, rauhe Stimme einer Frau, voller Drohungen und Vorwürfe, daß die Mauersteine widerhallten, während gelegentlich ein Mann dazwischenknurrte und sich ärgerlich zu rechtfertigen suchte. Obwohl anscheinend ganz ohne Faible für romantische Abenteuer, hatte Salisbury doch viel Sinn für Streitereien auf der Straße und war in der Tat so etwas wie ein Connaisseur der amüsanteren Stadien der Trunkenheit; er schickte sich deshalb an, zu lauschen und zu beobachten, etwa in der Haltung eines Opernabonnenten. Zu seinem Ärger schien sich jedoch die Krise plötzlich wieder zu legen, und er hörte nur noch die ungeduldigen Schritte der Frau und das langsamere Schlurfen ihres Gefährten, als sich die beiden näherten. Er drückte sich in den Schatten der Mauer und konnte sehen, wie sie auf ihn zu kamen; der Mann war sichtlich betrunken und hatte viel zu tun, nicht allzu hart gegen die Mauern zu prallen, da er hin- und herschwankte wie ein gegen den Wind steuerndes Schiff. Die Frau schaute starr geradeaus, die Tränen liefen ihr übers Gesicht, aber plötzlich – als beide an ihm vorbeigingen – loderte die Flamme wieder empor, und sie brach in einen Schwall von Verwünschungen aus und blieb vor ihrem Begleiter stehen.

»Du gemeiner Hund, du mieser, undankbarer Patron!« rief sie nach einem Gewitter unzusammenhängender Flüche. »Du glaubst wohl, ich schufte und arbeite die ganze Zeit für dich, und du kannst dabei hinter diesem Green Street-Flittchen her sein und jeden Penny versaufen, den du hast? Aber da täuschst du dich, Sam! – Ich mach's nicht mehr länger mit!

Zum Teufel mit dir, du verdammter dreckiger Dieb, ich bin fertig mit dir und mit deinem Herrn auch! Ihr könnt jetzt eure eigenen Gänge machen, und ich will bloß hoffen, daß ihr reinfallt dabei!«

Die Frau fingerte zornig am Ausschnitt ihres Kleides, riß etwas heraus, das wie ein Stück Papier aussah, zerknüllte es und warf es fort. Es fiel zu Salisburys Füßen nieder. Sie rannte hinaus und verschwand im Dunkeln, während der Mann langsam auf die Straße schwankte und dabei verwirrt vor sich hin brummte. Salisbury schaute ihm nach und sah, wie er den Gehsteig entlangstolperte, dann und wann innehielt und unentschlossen wankend dastand, um schließlich wieder in eine neue Richtung aufzubrechen. Der Himmel hatte sich aufgehellt, und weiße flauschige Wolken flogen hoch am Himmel am Mond vorüber. Sein Licht schien auf und verschwand, wie die Wolken zogen, und als sich Salisbury umwandte, sah er die klaren weißen Strahlen in den Durchlaß scheinen und die kleine zerknüllte Papierkugel daliegen, welche die Frau weggeworfen hatte. Seltsam neugierig, was darin stehen mochte, hob er sie auf, steckte sie in die Tasche und machte sich auf seinen Heimweg.

III

Salisbury war ein Mann der Gewohnheiten. Als er bis auf die Haut durchnäßt nach Hause kam, mit klamm am Körper hängenden Kleidern und aufgeweichtem Hut, galt sein erster Gedanke seiner Gesundheit, die er mit umsichtiger Hingabe pflegte. Nachdem er sich also umgezogen und in einen warmen Hausmantel gehüllt hatte, machte er sich daran, ein schweißtreibendes Mittel zuzubereiten: Gin mit heißem Wasser, wobei letzteres auf einem jener Spirituskocher gewärmt wurde, welche die Strenge des modernen Einsiedlerlebens ein wenig mildern. Als dieses Hausmittel seine Verwendung gefunden hatte und Salisburys unruhige Gefühle von einer Pfeife Tabak besänftigt worden waren, konnte er sich in einem Zustand glücklicher Geistesabwesenheit zu Bett begeben, ohne einen Gedanken an sein Abenteuer in dem dunklen Torbogen oder an die bizarren Phantasien, mit denen ihm Dyson das Abendessen gewürzt hatte. Ebenso war es am nächsten Morgen beim Frühstück, denn Salisbury ließ es sich aus Prinzip angelegen sein, bis zum Ende dieser Mahlzeit an gar nichts zu denken; doch als das Geschirr abgeräumt und die Morgenpfeife angezündet war, erinnerte er sich des kleinen Papierkügelchens und fing an, die Taschen seines feuchten Mantels zu durchsuchen. Er wußte nicht mehr, wo er es hingesteckt hatte, und wie er nun mit der Hand in diese und in jene Tasche fuhr, überkam ihn ein eigenartiges Gefühl unruhiger Besorgnis, es sei vielleicht nicht mehr da, obwohl er um nichts in der Welt hätte sagen können, weshalb ihm etwas so wichtig war, das mit größter Wahrscheinlichkeit nur ein Stückchen Abfall darstellte. Aber er seufzte vor Erleichterung, als seine Finger in einer Innentasche die zerknitterte Papieroberfläche berührten, und er zog es vorsichtig heraus und legte es so sorgsam auf den kleinen Sekretär neben seinem Sessel, als wäre es ein kostbares Juwel. Rauchend und seinen Fund betrachtend saß Salisbury ein Weilchen da – eine seltsame Versuchung, das Ding ins Feuer zu werfen und los zu sein, kämpfte mit ebenso seltsamen Spekulationen, was denn der Inhalt sein könnte und weshalb die zornige Frau das Stück Papier so wütend von sich geschleudert hatte. Wie zu erwarten stand, siegte am Ende die Neugier, und doch nahm er das Papier fast mit einem gewissen Widerwillen in die Hand und rollte es auf, um es vor sich auszubreiten. Es war ein Blatt gewöhnliches, schmutziges Papier, allem Anschein nach aus einem billigen Schulheft gerissen, und in der Mitte des Blattes standen ein paar Zeilen in einer merkwürdigen, klein-krakeligen Handschrift. Salisbury beugte sich vor und starrte den Text einen Augenblick lang begierig an, dann holte er tief Atem und ließ sich in den Sessel zurückfallen, wo er ausdruckslos vor sich hinstarrte, bis er mit einer plötzlichen Bewegung in ein ungeheures Gelächter ausbrach, so lang und laut und brüllend, daß der Säugling der Hauswirtin im Stockwerk darunter aufwachte und seiner Heiterkeit mit entsetzlichem Geschrei das Echo machte. Aber er lachte wieder und wieder und nahm das Blatt vom Tisch, um noch ein zweites Mal den Text durchzulesen, der so hoffnungsloser Nonsens schien.

»Q mußte zu seinen Freunden nach Paris« – begann er –, »Anders. Handel S. ›Rechtsherum, du schöne Maid, hat linksherum noch nie gereut.‹«

Salisbury nahm das Blatt, zerknüllte es, wie die wütende Frau es getan hatte, und holte aus, um es ins Feuer zu werfen. Doch tat er das nicht, sondern schmiß es achtlos hinten in seinen Sekretär und lachte noch einmal. Das völlig Törichte der Angelegenheit war beleidigend, und er schämte sich seines eigenen spekulativen Eifers, wie jemand, der sich den hochgestochenen Ankündigungen auf den Kleinanzeigenseiten widmet und schließlich nichts anderes findet als Werbung und Banalitäten. Er schritt ans Fenster und starrte hinaus auf das geruhige morgendliche Leben seines Viertels; die Dienstmädchen putzten in schlampigen Kittelschürzen die Stufen vor den Haustüren, der Fischhändler und der Metzger machten ihre Runde, und die Ladenbesitzer standen unter den Türen ihrer kleinen Geschäfte, müßig in sich zusammengesunken vor Mangel an Kundschaft und Aufregung. In der Ferne gab ein blauer Dunst dem Panorama eine gewisse Größe, aber insgesamt war der Ausblick deprimierend und hätte nur einen systematischen Erforscher des Londoner Lebens interessiert, der in jedem seiner Aspekte etwas Seltenes und Ungewöhnliches zu finden weiß. Salisbury drehte sich angewidert weg und nahm in seinem Sessel Platz, der, hellgrün bezogen und mit gelber Paspelierung, der Stolz und Mittelpunkt seiner Wohnung war. Hier machte er sich an seine Morgenbeschäftigung – die Lektüre eines Romans, der Sport und Liebe auf eine Weise abhandelte, daß man an eine Kollaboration zwischen einem Gestütsbesitzer und einem Damencollege dachte. Unter gewöhnlichen Umständen hätte Salisburys Interesse an der Geschichte durchaus bis zum Mittagessen vorgehalten, aber an diesem Morgen rutschte er unbehaglich in seinem Sessel hin und her, legte das Buch weg und nahm es wieder zur Hand, fluchte vor sich hin und über sich selber, in reinster Verärgerung. Tatsächlich hatte sich ihm das Verschen auf dem Papier als Ohrwurm in den Kopf gesetzt, und er mochte machen, was er wollte – er mußte immer wieder vor sich hin sagen: »Rechtsherum, du schöne Maid, hat linksherum noch nie gereut.« Es wurde fast schmerzhaft, wie der alberne Refrain eines Variétéschlagers, der überall zitiert, zu jeder Tages- und Nachtzeit gesungen und von allen Straßenjungen monatelang als kostbare Ausdrucksmöglichkeit betrachtet wird. Er ging aus dem Haus und versuchte seinen geheimen Feind im Gedränge der Menge zu vergessen, im Gebrüll und Geklapper des Straßenverkehrs, aber immer wieder ertappte er sich dabei, wie er sich leise beiseite stahl, eine verlassene Seitenstraße entlangging und vergeblich darum rang, bedeutungslosen Phrasen einen Sinn zu geben. Es war eine wirkliche Erleichterung, als der Donnerstag kam und er sich daran erinnerte, daß er eine Verabredung mit Dyson getroffen hatte – die schattenhaften Traumgespinste des selbsternannten *homme de lettres* schienen unterhaltend verglichen mit dieser nicht enden wollenden Wiederholung, diesem Labyrinth von Gedanken, aus dem kein Entrinnen schien. Dysons Wohnung lag in der ruhigsten der ruhigen Straßen, die vom Strand zum Fluß hinunter führen, und als Salisbury aus dem schmalen Treppenhaus in Dysons Zimmer trat, sah er, daß der Onkel in der Tat großzügig gewesen war. Der Boden glühte und flammte in allen Farben des Orients, es war, wie Dyson pompös bemerkte, »ein Sonnenuntergang in einem Traum«, und das Lampenlicht und die Dämmerung der Straßen von London war von seltsam gearbeiteten Vorhängen verdeckt, in denen hier und da Goldfäden glitzerten. Auf den Fachbrettern eines eichenen Glasschranks standen Krüge und Teller seltsamen französischen Porzellans; und das Schwarzweiß von Radierungen, wie man sie im Haymarket und in der Bond Street nicht findet, hoben sich von prächtigem Japanpapier ab. Salisbury setzte sich auf die Bank neben dem Kamin und sog die vermengten Dämpfe von Weihrauch und Tabak ein, erstaunt und stumm vor all dieser Pracht nach dem grünen Rips, den Öldrucken, dem Goldrahmenspiegel und den Lüstern seiner eigenen Behausung.

»Ich bin froh, daß Sie gekommen sind«, sagte Dyson. »Gemütlich hier, nicht? Aber Sie sehen nicht besonders gut aus, Salisbury. Irgendeine Magenverstimmung?«

»Nein – aber die letzten paar Tage hat mich etwas stark irritiert. Tatsache ist: Ich hatte ein seltsames kleines – Abenteuer könnte man es wohl nennen, in der Nacht, als wir uns begegnet sind, und es ist mir im Kopf herumgegangen. Und das Blödeste dabei ist, daß es sich um einen reinen Unsinn – aber ich werde es Ihnen dann alles erzählen. Sie wollten Ihre seltsame Geschichte zu Ende bringen, die Sie im Restaurant angefangen haben.«

»Ja. Aber ich fürchte, Salisbury, Sie sind unverbesserlich. Sie sind ein Sklave der von Ihnen so genannten Tatsachen. Sie wissen genau, daß Sie zuinnerst glauben, die ganze Seltsamkeit bei der Geschichte stammt von mir, und in Wirklichkeit ist alles so einfach wie der Polizeibericht. Aber da ich nun einmal begonnen habe, fahre ich fort. Erst trinken wir etwas, und Sie können sich Ihre Pfeife anzünden.«

Dyson ging zu dem Eichenschrank und zog aus seinen Tiefen eine rundliche Flasche und zwei kleine Gläser mit altmodischer Vergoldung.

»Benediktiner«, sagte er. »Sie nehmen doch einen?«

Salisbury bejahte, und die beiden Männer saßen eine kleine Zeit rauchend und in kleinen Schlucken trinkend da, ehe Dyson begann.

»Wo waren wir stehengeblieben?« fragte er endlich. »Bei der gerichtlichen Untersuchung, ja? Nein, das hatten wir. Jetzt weiß ich: Ich hatte Ihnen gesagt, daß ich, alles in allem, mit meinen Nachforschungen, Untersuchungen oder wie immer man es nennen will, recht erfolgreich gewesen bin. War das nicht der Punkt, wo wir abgebrochen haben?«

»Das war's. Genau gesagt war, glaube ich, Ihr letztes Wort in dieser Angelegenheit ›Allerdings –‹«

»Genau. Ich habe alles noch einmal durchdacht seit dem Abend neulich, und ich bin zu dem Schluß gekommen, daß dieses ›Allerdings‹ ein sehr, sehr großes ›Allerdings‹ ist. Rundheraus gesagt: Ich muß eingestehen, daß das, was ich herausgefunden habe – oder herausgefunden zu haben glaube – in Wirklichkeit gar nichts ist. Ich bin vom Herz des Rätsels so weit entfernt wie je. Aber ich kann Ihnen trotzdem erzählen, was ich weiß. Sie erinnern sich vielleicht, daß ich gesagt habe, wie stark mich die Bemerkungen eines der Ärzte im Zeugenstand beeindruckt haben. Also beschloß ich: Mein erster Schritt müßte es sein, aus diesem Arzt etwas Deutlicheres und Verständlicheres herauszubekommen. Auf gewisse Weise gelang es mir, von einem Freund bei dem Mann eingeführt zu werden, und er gab mir einen Termin für ein Gespräch. Er stellte sich als offener, freundlicher Mensch heraus – ziemlich jung, überhaupt nicht der typische Mediziner, und er begann die Unterredung damit, daß er mir einen Whisky und eine Zigarre anbot. Ich hielt es für witzlos, lange um die Sache herumzureden, und fing gleich damit an, daß mir seine Zeugenaussage im Harlesden-Fall in Teilen sehr merkwürdig vorgekommen sei, und gab ihm das gedruckte Protokoll der Verhandlung, wo ich den entsprechenden Satz unterstrichen hatte. Er warf nur einen flüchtigen Blick darauf und schaute mich dann seltsam an. ›Das ist Ihnen also merkwürdig vorgekommen?‹ fragte er. ›Nun, Sie müssen bedenken, daß dieser Fall ein sehr merkwürdiger war. Tatsächlich darf ich wohl sagen, daß er in verschiedener Hinsicht einzigartig war – durchaus einzigartig.‹ ›Ganz recht‹, erwiderte ich, ›und eben deshalb interessiert er mich, und ich möchte mehr darüber wissen. Und ich dachte mir: Wenn einer mich da weiterbringen kann, sind Sie es. Was ist Ihre Meinung zu dieser Geschichte?‹

Es war eine ziemlich direkte Frage, und mein Arzt sah ein wenig bestürzt drein.

›Also denn‹, sagte er, ›da ich annehmen möchte, daß Ihr Motiv für Ihre Nachforschungen reine Neugier ist, kann ich Ihnen wohl meine Meinung einigermaßen offen sagen. Also, Mr. – Mr. Dyson? Wenn Sie meine Theorie hören wollen: Ich glaube, daß Dr. Black seine Frau getötet hat.‹

›Aber das Urteil der Geschworenen?‹ fragte ich. ›Das Urteil beruht auf Ihrer eigenen Zeugenaussage.‹

›Ganz recht – es kam in Übereinstimmung mit der Aussage von meinem Kollegen und mir zustande, und unter den Umständen hat die Jury, glaube ich, sehr vernünftig gehandelt. Tatsächlich weiß ich gar nicht, was sie sonst hätte tun sollen. Aber ich bleibe bei meiner Meinung, wohlgemerkt, und ich sage Ihnen dazu noch folgendes: Es wundert mich nicht, daß Black getan hat, was er – wovon ich fest überzeugt bin – nun einmal getan hat. Ich glaube, es war legitim.‹

›Legitim! Wie kann das sein?‹ fragte ich. Ich war über seine

Antwort höchst überrascht, wie Sie sich denken können. Der Doktor drehte abrupt seinen Stuhl zu mir herum und sah mich einen Moment lang mit festem Blick an, ehe er erneut antwortete.

›Sie sind wohl selbst kein Wissenschaftler? Nein. Dann wäre es sinnlos, ins Detail zu gehen. Ich habe mich immer strikt gegen irgendeine Partnerschaft von Physiologie und Psychologie gewandt. Ich glaube, darunter leiden nur beide. Niemand sieht klarer als ich den unüberwindbaren Abgrund, die unergründliche Kluft zwischen der Sphäre des Bewußtseins und der Welt der Materie. Wir wissen, daß jegliche Bewußtseinsveränderung mit einer Neuanordnung der Moleküle in der Gehirnsubstanz einhergeht, und das ist alles. Welche Verbindung zwischen beidem besteht oder warum beides zusammen auftritt, das wissen wir nicht, und die meisten Autoritäten glauben, daß wir es nie wissen werden. Und doch will ich Ihnen sagen: Als ich damals, das Skalpell in der Hand, meine Arbeit tat, da war ich trotz aller Theorien davon überzeugt, daß das da vor mir nicht das Gehirn einer toten Frau war – überhaupt nicht das Hirn eines Menschen. Natürlich sah ich das Gesicht, aber es war ganz gelassen, ohne jeden Ausdruck. Es muß ein sehr schönes Gesicht gewesen sein, ohne Zweifel, aber ich kann ehrlich sagen, ich hätte nicht für tausend Guineen in dieses Gesicht sehen wollen, als noch Leben darin war, nein, nicht für das Doppelte.‹

›Werter Herr‹, sagte ich, ›Sie setzen mich in Erstaunen. Sie sagen, es war nicht das Gehirn eines menschlichen Wesens. Was war es dann?‹

›Das Hirn eines Teufels.‹ Er sprach ganz kühl und verzog keine Miene. ›Das Hirn eines Teufels‹, wiederholte er, ›und ich habe keinen Zweifel daran, daß Black seiner Frau ein Kissen auf den Mund gedrückt und es ein paar Minuten so gehalten hat. Ich kann es ihm nicht verdenken. Was auch immer Mrs. Black war, sie hatte es nicht verdient, auf der Welt zu sein. Darf ich Ihnen noch etwas anbieten? Nein? Gute Nacht denn, gute Nacht.‹

Das war eine seltsame Diagnose von einem Mann der Wissenschaft, nicht wahr? Als er sagte, er hätte nicht für tausend oder zweitausend Guineen in dieses Gesicht sehen wollen, als es lebte, dachte ich an jenes Gesicht, das ich gesehen hatte, aber ich sagte nichts. Ich ging wieder nach Harlesden und schlenderte dort von einem Laden in den anderen, machte kleine Einkäufe und versuchte herauszufinden, ob noch irgend etwas über die Blacks zu erfahren war, was nicht schon als Klatsch durch den ganzen Ort ging. Es gab nur wenig weiteres zu hören. Einer der Ladenbesitzer, mit denen ich sprach, sagte, er hätte die Tote gut gekannt, sie kaufte bei ihm das an Lebensmitteln und Haushaltswaren, was für den kleinen Hausstand notwendig war, da sie keine Dienstboten hatten, sondern nur gelegentlich eine Putzfrau kommen ließen, und die hatte Mrs. Black schon Monate vor ihrem Tod nicht mehr gesehen. Diesem Mann zufolge war Mrs. Black eine ›nette Dame‹, stets freundlich und rücksichtsvoll, und ihrem Mann ebenso zugetan wie dieser ihr, wie alle glaubten. Und doch wußte ich – vom Urteil des Arztes einmal ganz abgesehen –, was ich selbst wahrgenommen hatte. Und nachdem ich alles hin und her überlegt und eins gegen das andere abgewogen hatte, schien es mir, daß die einzige Person, die mir irgendeine Hilfe sein konnte, Black selber war, und ich beschloß, ihn ausfindig zu machen. Natürlich war er nicht in Harlesden zu erreichen – er war, so sagte man mir, gleich nach dem Begräbnis fortgezogen. Alles im Haus war verkauft worden, und eines schönen Tages war Black mit einem kleinen Koffer in den Zug gestiegen und weggefahren, niemand wußte wohin. Nur durch Zufall war es möglich, je wieder von ihm zu hören, und nur durch Zufall fand ich ihn endlich. Ich ging eines Tages die Gray's Inn Road entlang, ohne ein besonderes Ziel, aber indem ich mich genau umsah, wie gewöhnlich, und ich hielt mir den Hut fest, denn es war ein windiger Tag im Frühmärz, und die Kronen der Bäume in Gray's Inn bebten und zitterten. Ich kam aus der Richtung von Holborn und war schon fast an der Theobald's Road angelangt, als ich einen vor mir hergehenden Mann bemerkte, der sich auf einen Stock stützte und allem Anschein nach sehr schwach war. Es war etwas an seiner Erscheinung, das mich neugierig machte, ich weiß nicht, warum, und ich ging schneller, um ihn zu überholen, als ihm plötzlich der Hut durch einen Windstoß vom Kopf gerissen wurde und den Gehsteig entlanghüpfte bis vor meine Füße. Natürlich rettete ich den Hut und warf einen Blick darauf, als ich auf seinen Besitzer zuging. Der Hut war eine Biographie in sich: im Futter der Name eines Hutmachers vom Piccadilly, aber ich glaube, kein Bettler hätte ihn aus der Gosse aufgehoben. Dann sah ich auf und erkannte, daß Dr. Black aus Harlesden mich erwartete. Seltsam, nicht wahr? Aber, Salisbury, welch eine Veränderung! Als ich Dr. Black die Stufen seines Hauses in Harlesden herunterkommen sah, war er ein aufrechter Mann, der festen Schrittes mit gesunden Gliedmaßen daherkam; ein Mann, dachte ich, in der Blüte seiner Jahre. Und nun stand in sich zusammengekauert diese armselige Kreatur vor mir, verkrümmt und schwach, mit eingefallenen Wangen und rasch ergrauendem Haar, mit Gliedern, die zitterten und wackelten, und mit tiefem Elend in den Augen. Er dankte mir dafür, daß ich ihm seinen Hut brachte, und sagte: ›Ich hätte ihn selbst wohl nicht eingeholt, ich kann jetzt nicht mehr weit laufen. Ein windiger Tag, nicht wahr, Sir?‹ Damit wandte er sich schon ab, aber es gelang mir, ihn Stückchen um Stückchen in eine Unterhaltung zu ziehen, und wir gingen zusammen in östlicher Richtung weiter. Ich glaube, der Mann wäre mich gerne losgeworden, aber ich hatte nicht die Absicht, von ihm abzulassen, und endlich hielt er vor einem trostlosen Haus in einer trostlosen Straße inne. Ich glaube wirklich, daß dies eines der heruntergekommensten Stadtviertel war, die ich je gesehen habe: Häuser, die neu schon schäbig und häßlich genug gewesen sein mußten, hatten Jahr um Jahr Dreck und Fäulnis auf sich gesammelt und schienen schräg und schief nun ihrem Einsturz entgegenzustolpern. ›Ich wohne dort droben‹, sagte Black und deutete zum Ziegeldach empor, ›nicht vorne – nach hinten hinaus. Es ist sehr ruhig dort. Ich werde sie nun nicht hinaufbitten, aber vielleicht ein andermal...‹ Ich hakte gleich nach und sagte, ich würde ihn nur zu gerne einmal besuchen. Er schaute mich seltsam an, als frage er sich, weshalb um alles in der Welt mir oder sonst jemandem etwas an seiner Gesellschaft gelegen sein sollte, und ich ging weiter, während er mit seinem Hausschlüssel herumhantierte. Ich glaube, Sie werden mir zugeben, daß ich gut vorankam, wenn ich Ihnen sage, daß ich nach ein paar Wochen der vertraute Freund Blacks geworden war. Ich werde nie vergessen, wie ich ihn das erste Mal auf seinem Zimmer besuchte; ich hoffe, nie wieder so fürchterliches, schmutziges Elend zu sehen. Die dreckige Tapete, von der längst jede Spur eines Musters gewichen war, hing, beschwert und durchdrungen vom rußigen Staub der gemeinen Straße, in schimmligen Girlanden von den Wänden. Nur an einem Ende des Raumes war es möglich, aufrecht zu stehen, und der Anblick des erbärmlichen Bettes und der Geruch des Verfalls, welcher das Zimmer erfüllte, ließen es mir übel und schwindlig werden. Hier fand ich ihn an einem Stück Brot kauen; er schien überrascht, daß ich mein Versprechen einhielt, aber er überließ mir seinen Stuhl und setzte sich auf das Bett, während wir uns unterhielten. Ich besuchte ihn des öfteren, und wir hatten lange Gespräche, doch nie erwähnte er Harlesden oder seine Frau. Ich denke, er vermutete, daß ich nichts über die Sache wußte oder doch, falls ich davon gehört hatte, nie den geachteten Dr. Black aus Harlesden mit einem armen Dachstubenhungerer im dunkelsten London in Verbindung bringen würde. Er war ein merkwürdiger Mann, und wenn wir rauchend beisammen saßen, fragte ich mich oft, ob er verrückt war oder bei Sinnen, denn ich glaube, die wildesten Träume von Paracelsus und den Rosenkreuzern würden als nüchterne Tatsachen erscheinen verglichen mit den Theorien, die ich ihn ernsthaft in seiner schmutzigen Höhle entwickeln hörte. Ich deutete einmal etwas in dieser Richtung ihm gegenüber an. Ich sagte, etwas, was er dargelegt habe, stünde doch wohl in direktem Widerspruch zu aller Wissenschaft und aller Erfahrung. ›Nein, Dyson‹, entgegnete er, ›nicht *aller* Erfahrung, denn *meine* zählt auch etwas. Ich handele nicht mit unbewiesenen Theorien, was ich sage, dafür habe ich für mich selbst den Beweis geführt, und das um einen schrecklichen Preis. Es gibt einen Bezirk des Wissens, von dem Sie nie erfahren, den weise Männer, die seiner von ferne ansichtig werden, scheuen wie die Pest, und das mit gutem Grund, aber in diesen Bezirk bin ich eingedrungen. Wenn Sie wüßten, wenn Sie sich auch nur träumen ließen, was man tun kann, was ein oder zwei Männer auf unserer ruhigen Welt getan haben – Ihre Seele würde erschauern und von Ohnmacht überwältigt werden. Was Sie von mir gehört haben, das ist bloß das äußerste Gewand, die gröbste Hülle der wahren Wissenschaft – jener Wissenschaft, die für alle, die sie erlangen, den Tod bedeutet und das, was ärger ist als der Tod. Nein, Dyson, wenn die Leute sagen, daß es seltsame Dinge auf der Welt gibt, ahnen sie kaum das Ungeheure und das Entsetzliche in sich und um sich her.‹ Es war etwas Faszinierendes an dem Mann, das mich zu ihm hinzog, und ich bedauerte es sehr, daß ich London ein, zwei Monate verlassen mußte. Ich vermißte seine seltsamen Reden. Ein paar Tage nach meiner Rückkehr dachte ich, ihn wieder zu besuchen. Als ich aber wie gewohnt zweimal klingelte, was ihn sonst immer hervorgelockt hatte, rührte sich nichts. Ich klingelte und klingelte, und ich wandte mich schon zum Gehen, als eine Tür aufging und eine schmutzige Frau fragte, was ich wolle. An ihrem Gesicht konnte ich erkennen, daß sie mich für einen Polizisten in Zivil hielt, der hinter einem ihrer Mieter her war, aber als ich mich erkundigte, ob Mr. Black zu Hause sei, starrte sie mich mit einer anderen Miene an. ›Hier wohnt kein Mr. Black nicht‹, sagte sie. ›Der ist weg. Seit sechs Wochen ist er tot. Ich hab mir schon immer gedacht, daß er nicht ganz richtig im Kopf ist oder vielleicht auch irgendwo in Schwierigkeiten war. Jeden Morgen von zehn bis eins ist er ausgegangen, und einmal montags, da hören wir ihn zurückkommen und in sein Zimmer gehen und die Tür zumachen, und ein paar Minuten später, gerade als wir uns hinsetzen zum Essen, da gab es einen solchen Schrei, daß ich denke, ich werd nicht mehr. Und dann ein Getrampel, und dann kam er herunter und tobte und fluchte ganz fürchterlich und schwor, man hätte ihm etwas gestohlen, das wär Millionen wert. Und dann fiel er im Treppenhaus hin, und wir dachten, er ist tot. Wir brachten ihn hoch auf sein Zimmer und legten ihn aufs Bett, und ich setzte mich dazu und hab gewartet, während mein Mann um den Arzt gegangen ist. Und das Fenster stand weit offen, und eine kleine Blechdose, die er hatte, lag offen und leer auf dem Boden, aber natürlich konnte niemand irgendwie durch das Fenster herein, und daß der etwas gehabt haben soll, was irgendwie was wert gewesen wäre, das ist Unsinn, weil er oft Wochen und Wochen mit der Miete im Rückstand war und mein Mann schon oft und oft gedroht hat, er setzt ihn raus, weil, sagt er, wir müssen auch unser Geld verdienen wie andere Leute – und das stimmt ja auch, aber irgendwie wollte ich's doch nicht, wenn er auch ein seltsamer Mann war und früher mal bessergestellt, wie ich mir denke. Und dann kam der Arzt und schaute ihn an und sagte, da könnte er nichts mehr machen, und in der Nacht starb er, wie ich am Bett saß, und ich kann Ihnen eines sagen, mit diesem und jenem, da haben wir noch Geld an ihm verloren, und die paar Kleider, die er hatte, waren fast gar nichts wert, als sie verkauft worden sind.‹ Ich gab der Frau einen halben Sovereign für ihre Mühe und ging nach Hause und dachte an Dr. Black und den Nachruf, den die Frau ihm gehalten hatte – und wunderte mich über seine Idee, man habe ihn bestohlen. ›Ich glaube, in dieser Hinsicht hatte er sehr wenig zu befürchten, der Ärmste; aber er war wohl wirklich verrückt und starb in einem plötzlichen Aufzucken seiner Manie. Seine Wirtin sagte, ein- oder zweimal, als sie in sein Zimmer wollte (um den armen Mann wegen seiner Miete zu triezen wahrscheinlich), da ließ er sie etwa eine Minute lang vor der Türe warten, und als sie eintrat, sah sie, wie er seine Blechbüchse in der Ecke am Fenster aufräumte; ich nehme an, die Idee eines großen Schatzes hatte von ihm Besitz ergriffen, und er glaubte sich reich in all seinem Elend. *Explicit*, meine Geschichte ist zu Ende, und Sie sehen, daß ich zwar Black kennengelernt, aber nichts von seiner Frau oder von den Umständen ihres Todes erfahren habe. Das ist der Harlesden-Fall, Salisbury, und ich glaube, er interessiert mich um so brennender, als es nicht den Schatten einer Möglichkeit gibt, daß ich oder ein anderer je mehr darüber erfahren wird. Was meinen Sie dazu?«

»Nun, Dyson, ich muß sagen, ich glaube, Sie haben es fertiggebracht, das Ganze mit einem Geheimnis zu umgeben, das Sie selber erschaffen haben. Ich bin für die Lösung des Doktors: Black hat seine Frau ermordet und war dabei selbst sehr wahrscheinlich ein Verrückter, dessen Wahnsinn erst später voll zum Ausbruch kam.«

»Wie? Glauben Sie also, daß diese Frau etwas zu Schreckliches, zu Furchtbares für diese Welt war, das in ihr nicht geduldet werden konnte? Sie werden sich erinnern, daß der Doktor gesagt hat, das sei das Gehirn eines Teufels gewesen.«

»Ja, ja, aber da sprach er natürlich metaphorisch. Es ist wirklich recht einfach, Dyson, wenn man die Sache richtig ansieht.«

»Sie mögen schon recht haben – und doch bin ich sicher, Sie haben nicht recht! Ach ja, es hat keinen Sinn, das weiter zu diskutieren. Noch etwas Benediktiner? Richtig, versuchen Sie einmal von diesem Tabak. Sagten Sie übrigens nicht, etwas würde sie irritieren – etwas, was an dem Abend geschah, als wir zusammen essen waren?«

»Ja, etwas hat mich bedrückt, Dyson, hat mich sehr belastet. Ich – aber es ist eine derart triviale Sache, eine solche Absurdität, daß ich mich schäme, Ihre Zeit damit in Anspruch zu nehmen.«

Häufig zögernd und mit großem inneren Ärger über die Albernheit des Ganzen erzählte Salisbury seine Geschichte und wiederholte widerstrebend die absurde Mitteilung und das absurde Verschen auf dem Blatt Papier, wobei er erwartete, daß Dyson gleich in lautes Gelächter ausbräche.

»Ist das nicht die Höhe, daß ich mir von solchem Zeug meine Tage verleiden lasse?« fragte er, als er stotternd den Vers von Rechtsherum und Linksherum aufgesagt hatte.

Dyson hatte bis zu Ende ernsthaft zugehört und sann nun eine Weile schweigend nach.

»Ja«, sagte er schließlich, »es war ein eigenartiger Zufall, daß Sie in diesem Torbogen Schutz gesucht haben, als gerade diese beiden vorbeikamen. Aber ich weiß nicht, ob ich das, was auf dem Papier geschrieben steht, als Nonsens bezeichnen wollte. Bizarr ist es sicherlich, aber ich nehme an, es hat eine Bedeutung für jemanden. Wiederholen Sie es doch bitte noch einmal, dann schreibe ich es mir auf. Vielleicht finden wir irgendeinen Code heraus, obwohl ich das kaum glaube.«

Wieder stammelten Salisburys widerwillige Lippen langsam den von ihm verabscheuten Blödsinn, und Dyson notierte diesen auf einem Notizzettel.

»Sehen Sie es bitte kurz durch«, sagte er, als er fertig war. »Es könnte wichtig sein, daß ich jedes Wort an der richtigen Stelle stehen habe. Stimmt das so?«

»Ja, das ist eine genaue Kopie. Aber ich glaube nicht, daß Sie da viel herausbekommen werden. Verlassen Sie sich darauf, es ist reiner Unsinn, ein beiläufig dummes Gekrakel – ich muß jetzt gehen, Dyson. Nein, nichts mehr. Ihr Zeug ist ziemlich stark. Gute Nacht!«

»Ich nehme an, Sie möchten von mir hören, wenn ich etwas herausfinde?«

»Nein, bestimmt nicht – ich möchte von der Sache gar nichts mehr hören! Sie können die Entdeckung – wenn Sie eine machen – ganz für sich in Anspruch nehmen.«

»Das läßt sich hören. Gute Nacht!«

IV

Noch einige Stunden, nachdem Salisbury in die Gesellschaft seiner grünen Ripsstühle zurückgekehrt war, saß Dyson an seinem Sekretär (der selbst ein japanisches Abenteuer war) und meditierte über die Geschichte seines Freundes. Der bizarre Charakter des handschriftlichen Textes, der Salisbury so empört hatte, war für ihn besonders attraktiv, und er nahm immer wieder seinen Zettel zur Hand und las nachdenklich durch, was er notiert hatte, besonders das merkwürdige Verschen am Ende. Es war ein vereinbartes Zeichen, ein Symbolon, entschied er, kein Code, und die Frau, die das weggeworfen hatte, wußte sehr wahrscheinlich überhaupt nicht, was es bedeutete; sie war nur die Botin des »Sam«, den sie beschimpft und verlassen hatte, und er wiederum handelte im Auftrag eines unbekannten Anderen, möglicherweise des sogenannten »Q«, der seine französischen Freunde hatte aufsuchen müssen. Was aber sollte man von »Anders. Handel S.« halten? Das war die Wurzel und der Ursprung des ganzen Rätsels, und aller Tabak von Virginia dürfte hier keine Erleuchtung bringen. Es schien fast hoffnungslos, doch Dyson sah sich als den Wellington des Geheimnisvollen und ging in der Überzeugung zu Bett, daß er früher oder später auf die richtige Spur stoßen würde. Die nächsten Tage war er tief in seine literarischen Arbeiten vergraben (Arbeiten, die auch für seine engsten Freunde ein ungelöstes Rätsel waren, welche vergeblich die Bahnhofskioske absuchten nach dem Ergebnis so vieler Stunden am japanischen Sekretär, verbracht in Gesellschaft von starkem Tabak und schwarzem Tee). Bei dieser Gelegenheit blieb Dyson vier Tage lang unerbittlich auf seinem Zimmer, und mit wahrhafter Erleichterung legte er schließlich die Feder beiseite und ging auf der Suche nach etwas Zerstreuung und frischer Luft aus dem Haus. Die Gaslaternen wurden gerade angezündet, und die Ausrufer schwenkten brüllend die fünfte Abendausgabe der Zeitungen durch die Straßen, und Dyson, der das Gefühl hatte, er brauche Ruhe, wandte sich vom lärmenden Strand weg und driftete in nordwestliche Richtung. Bald fand er sich in Sträßchen, die von seinem Schritt widerhallten, er kreuzte eine breite Durchgangsstraße, hielt sich aber weiter Richtung Westen. Dyson bemerkte, daß er ins Innerste von Soho vorgedrungen war. Hier herrschte wieder Leben: rare französische und italienische Weine zu Preisen, die lächerlich gering schienen, lockten den Passanten; hier lagen große, üppige Käse, hier gab es Olivenöl, dort wucherte ein Wäldchen rabelaisischer Würste auf, während im Laden daneben die gesamte Pariser Presse zum Verkauf auszuliegen schien. Mitten auf der Straße schlenderte ein seltsamer Querschnitt der Nationen durcheinander, denn Droschken und Kutschen drangen hierher selten vor; und aus Fenstern über Fenstern schauten die Bewohner des Viertels in zufriedener Betrachtung der Szenerie heraus. Dyson ging langsam weiter, drängte sich durch die Menge auf dem Katzenkopfpflaster, lauschte dem Stimmenbabel aus Französisch und Deutsch, Italienisch und Englisch, warf gelegentliche Blicke in die Schaufenster mit ihren übereinandergeschichteten Flaschenbatterien und war fast am Ende der Straße angelangt, als ein kleiner Laden an der Ecke seine Aufmerksamkeit erregte, der in scharfem Kontrast zu seinen Nachbarn stand. Es war der typische Laden des Armeleuteviertels, ein durch und durch englischer Laden. Hier verkaufte man Tabak und Süßkram, billige Ton- und Kirschenholzpfeifen; Schulhefte für einen Penny und Federhalter drängten sich gegen Schlagertexte, und Romanhefte mit entsetzlichen Holzschnitten zeigten, daß das romantische Abenteuer seinen Platz neben den Abendzeitungen verteidigte, deren Anschlagzettel an der Türe flatterten. Dyson sah hoch zum Namen über der Tür und stand plötzlich zitternd wie ein Jagdhund da, der Witterung aufgenommen hat – ein wildes Gefühl durchfuhr ihn, das Gefühl, eine Entdeckung gemacht zu haben, und einen Augenblick lang mußte er reglos verharren. Der Namen über dem Lädchen war »Anderson«. Dyson sah wieder auf, diesmal zur Ecke des Hauses über der Straßenlaterne, und las in weißen Lettern auf blauem Grund die Worte »Handel Street, W.C.«, und in schwächeren Buchstaben wiederholte sich die Adresse noch einmal darunter. Er stieß einen kleinen Seufzer der Befriedigung aus und marschierte ohne weiteres in den Laden, um dem dicken Mann, der hinter der Ladentheke saß, scharf ins Gesicht zu sehen. Dieser stand auf, erwiderte den Blick mit etwas erstaunter Miene und begann mit der vertrauten Formel:

»Und was kann ich für Sie tun, Sir?«

Dyson genoß die Situation und die auf dem Gesicht des Mannes aufziehende Verwirrung. Er lehnte seinen Stock sorgfältig gegen den Ladentisch, beugte sich über die Theke und sagte langsam und bedeutungsvoll: »Rechtsherum, du schöne Maid, hat linksherum noch nie gereut.«

Dyson hatte damit gerechnet, daß seine Worte eine Wirkung hervorrufen würden, und er wurde nicht enttäuscht. Der Gemischtwarenhändler rang offenen Mundes wie ein Fisch nach Luft und mußte sich gegen den Ladentisch stützen. Als er nach einer kleinen Pause wieder sprach, geschah es in einem rauhen Flüstern, mit zitternder, schwankender Stimme.

»Würden Sie das wohl noch einmal sagen, Sir? Ich habe nicht ganz verstanden.«

»Guter Mann, das werde ich keineswegs tun. Sie haben genau gehört, was ich gesagt habe. Sie haben eine Uhr hier im Laden, wie ich sehe, zweifellos ein schönes Zeitmeßgerät. Also: Ich gebe Ihnen genau eine Minute nach Ihrer eigenen Uhr.«

Der Mann schaute sich in unschlüssiger Beunruhigung um, und Dyson entschloß sich, kühn vorzugehen.

»Hören Sie gut zu, Anderson. Ihre Zeit ist fast um. Sie haben doch wohl schon von Q gehört? Bedenken Sie, Ihr Leben ist in meiner Hand. Los jetzt!«

Das Resultat seiner eigenen Dreistigkeit schockierte Dyson. Der Mann schrumpfte und fiel vor Schreck in sich zusammen und hob, während der Schweiß ihm über das aschfahle Gesicht lief, beschwörend die Hände.

»Mr. Davies, Mr. Davies, sagen Sie das nicht – nicht, um Himmels willen, nicht! Ich habe Sie nicht gleich erkannt, bestimmt nicht, lieber Gott! Mr. Davies, Sie wollen mich doch nicht ins Unglück bringen? Ich hol's sofort.«

Der Mann schlich in erbarmungswürdiger Angst aus seinem Laden in ein Hinterzimmer. Dyson hörte seine bebenden Finger mit einem Schlüsselbund rasseln, und dann das Knarren einer sich öffnenden Kassette. Er kam mit einem kleinen, säuberlich in Packpapier eingeschlagenen Päckchen in den Händen zurück und reichte es Dyson, immer noch voller Furcht.

»Ich bin froh, wenn ich's los bin«, sagte er. »Ich mach keine Geschichten von der Sorte mehr.«

Dyson nahm das Päckchen und seinen Stock und ging mit einem Kopfnicken aus dem Laden, wobei er sich unter der Tür noch einmal umwandte. Anderson war auf seinen Stuhl gesunken, das Gesicht immer noch schreckensblaß, eine Hand vor die Augen gelegt – und Dyson, der rasch davonging, machte sich seine Gedanken, welch seltsame Saiten er wohl mit seinem groben Griff zum Klingen gebracht hatte. Er rief die erste Droschke herbei, die er sah, und fuhr nach Hause, und als er seine Hängelampe angezündet und das Päckchen auf den Tisch gelegt hatte, hielt er einen Augenblick inne und fragte sich, auf welches seltsame Ding das Lampenlicht nun fallen würde. Er schloß die Tür ab, schnitt die Umschnürung auf und schlug das Papier Lage um Lage zurück, bis er an ein kleines hölzernes Kästchen kam, schlicht, aber solide gearbeitet. Es gab kein Schloß, und Dyson brauchte nur den Deckel zu heben, und wie er das tat, holte er tief Atem und wich zurück. Die Lampe schien schwach wie ein Kerzenflämmchen zu glimmen, aber das ganze Zimmer erstrahlte von Licht – und nicht allein von Licht, sondern von tausend

Farben, von allen Herrlichkeiten der alten Glasfenster; und an den Wänden seines Zimmers und über das vertraute Mobiliar flammte das Leuchten wieder zurück und schien zu seinem Ursprung zu fließen, dem kleinen Holzkästchen. Denn dort, auf einem Bett aus weicher Wolle, lag der herrlichste Edelstein, ein Juwel, wie Dyson es sich nie hätte träumen lassen, und dort leuchteten das Blau ferner Himmel und das Grün der See in der Nähe des Strandes und das Rot des Rubins und tiefviolette Strahlen, und in der Mitte schien es zu flammen, als entspringe eine Feuerquelle und sprudele auf und senke sich wieder, mit Funken wie tropfende Sterne. Dyson seufzte tief auf und sank in seinen Stuhl und legte sich die Hände vors Gesicht, um nachzudenken. Das Juwel war wie ein Opal, aber seine lange Erfahrung vor Schaufenstern lehrte Dyson, daß es keinen Opal gab, der ein Viertel oder auch nur ein Achtel dieser Größe hatte. Er sah den Stein wieder an, beinahe mit einem Gefühl der Ehrfurcht, und legte ihn behutsam unter die Lampe auf den Tisch, um die wunderbare Flamme zu beschauen, die im Mittelpunkt leuchtete und funkelte, und dann wandte er sich dem Kästchen zu, neugierig, ob es noch andere Wunder enthalten mochte. Er hob die Wollschicht hoch, auf welcher der Opal geruht hatte, und sah darunter keine weiteren Edelsteine liegen, aber ein kleines altes Notizbuch, abgegriffen und schäbig von langem Gebrauch. Dyson schlug das erste Blatt auf und ließ das Buch sinken, wiederum erschrocken. Er hatte den Namen des Eigentümers gelesen, sauber mit blauer Tinte eingetragen:

Dr. med. Steven Black
Oranmore, Devon Road, Harlesden.

Es dauerte einige Minuten, bis Dyson sich dazu überwinden konnte, das Buch ein zweites Mal zu öffnen; er erinnerte sich an den mitleiderregenden Exilanten in seiner Dachkammer, an seine seltsamen Reden und auch an das Gesicht, das er selbst am Fenster gesehen hatte; was der Spezialist zu ihm gesagt hatte, kam ihm plötzlich in den Sinn, und wie seine Finger auf dem Einband des Büchleins lagen, erzitterte er und fürchtete sich vor dem, was darin stehen mochte. Als er es endlich in der Hand hatte und die Seiten umblätterte, sah er, daß die ersten beiden Blätter leer waren, doch die nächste Seite war mit klarer, winziger Schrift bedeckt, und Dyson fing an zu lesen, das flammende Licht des Opals in den Augen.

V

»Seit meiner Jugend« – begannen die Aufzeichnungen – »habe ich alle meine Mußestunden und einen großen Teil jener Zeit, die anderen Studien hätte gehören sollen, der Erforschung obskurer und merkwürdiger Wissenszweige gewidmet. Was man gemeinhin die Freuden des Lebens nennt, hat mich niemals angezogen, und ich lebte allein in London, mied meine Mitstudenten und wurde von ihnen als in sich gekehrter und mit ihren Interessen nicht sympathisierender Mann ebenfalls gemieden. Solange ich meine Begierde nach dem Wissen besonderer Art befriedigen konnte, Wissen, dessen bloße Existenz für die meisten ein tiefes Geheimnis ist, war ich überaus glücklich, und ich habe ganze Nächte damit zugebracht, im Dunkel meines Zimmers zu sitzen und über jene Welt nachzudenken, an deren Rand ich entlangwanderte. Meine beruflich zwingenden Studien aber und die Notwendigkeit, einen akademischen Grad zu erwerben, ließen meine verborgeneren Tätigkeiten eine Zeitlang in den Hintergrund treten, und bald nach meiner Zulassung als Arzt lernte ich Agnes kennen, die meine Frau wurde. Wir nahmen uns ein neues Haus in dieser entlegenen Vorstadt, ich begann mit der geregelten Routine einer nüchternen Arztpraxis, und einige Monate lang lebte ich glücklich, ich nahm am Leben um mich her teil und dachte nur noch gelegentlich an jene okkulte Wissenschaft, die einst mein ganzes Wesen fasziniert hatte. Ich wußte bereits genug von jenen Wegen, die zu gehen ich begonnen hatte, um mir darüber im klaren zu sein, daß sie unsäglich schwierig und gefährlich waren, daß ein Fortfahren sehr wahrscheinlich den Ruin eines Lebens bedeuten würde und daß sie in Bereiche führten, vor denen der Menschengeist beim bloßen Gedanken in Panik zurückschrickt. Auch hatten die Ruhe und der Frieden, die ich seit meiner Heirat genoß, mich bis zu einem gewissen Grad von jenen Bezirken fortgelockt, wo, das wußte ich, kein Friede wohnen konnte. Doch plötzlich – ich glaube, es war wirklich das Werk einer einzigen Nacht, als ich wach im Bett lag und ins Dunkel starrte – plötzlich, sage ich, kehrte die alte Begierde wieder, die einstige Sehnsucht, und zwar mit solcher Gewalt, zehnfach verstärkt durch ihre lange Abwesenheit, daß ich im Morgengrauen, als ich aus dem Fenster schaute und mit wildem Blick den Sonnenaufgang im Osten sah, wußte: Mir war das Urteil gesprochen. Ich war so weit schon gegangen, daß ich mit nicht mehr innehaltendem Schritt weiterzugehen hatte. Ich kehrte mich zu dem Bett, wo meine Frau ruhig schlief, und legte mich bitterlich weinend nieder, denn für unser glückliches Leben war die Sonne untergegangen, um mit einem für uns beide fürchterlichen Morgengrauen wiederzukehren. Ich will hier nicht in Einzelheiten niederlegen, was sich begab – nach außen hin ging ich wie zuvor meiner täglichen Arbeit nach und sagte nichts zu meiner Frau. Doch sie sah bald, daß ich mich verändert hatte: Ich verbrachte alle freie Zeit in einem Zimmer, das ich als Laboratorium eingerichtet hatte, und oft kam ich erst in der grauen Morgendämmerung zu Bett, wenn über London das letzte Licht der vielen Lampen glühte. Und jede Nacht hatte ich mich einen Schritt weiter an den großen Abgrund herangestohlen, über den ich eine Brücke bauen wollte, an die Kluft zwischen der Welt des Bewußtseins und der Welt der Materie. Ich machte viele und komplizierte Experimente, und es dauerte einige Monate, ehe mir bewußt wurde, in welche Richtung sie alle deuteten – und als mir dies dann in einem einzigen Augenblick aufging, fühlte ich, wie mein Gesicht weiß wurde und das Herz in meiner Brust stille stand. Aber die Kraft, davon abzulassen, die Kraft, vor dem sich nun weit vor mir öffnenden Tor stehenzubleiben und nicht einzutreten, hatte ich schon längst nicht mehr; der Rückweg war versperrt, und ich konnte nur weitergehen. Meine Lage war so völlig hoffnungslos wie die eines Gefangenen in einem Kerker, dessen einziges Licht aus dem Kerker darüber dringt; die

Türen waren verschlossen und ein Entkommen unmöglich. Ein Experiment um das andere führte zum selben Ergebnis, und ich wußte – obwohl ich mich dem Gedanken zu verschließen versuchte, als ich ihn faßte –, daß bei der mir bevorstehenden Arbeit Elemente vonnöten waren, die kein Labor zur Verfügung stellen, keine Waage je messen konnte. Bei dieser Arbeit, der ich selbst kaum mit dem Leben zu entrinnen hoffte, mußte das Leben selbst hinzutreten; einem menschlichen Wesen mußte jene Essenz entnommen werden, welche die Menschen Seele nennen, und an ihrer Statt (denn im Plan der Welt gibt es keinen leeren Raum), an ihrer Statt würde das einziehen, was der Mund kaum auszusprechen wagt, was der Geist sich nicht ohne eine Angst vorstellen kann, die schlimmer ist als jene vor dem Tod. Und als ich dies erkannte, wußte ich auch, wen dieses Schicksal treffen würde; ich sah in die Augen meiner Frau. Selbst in dieser Stunde hätte ich noch entrinnen können, wenn ich hingegangen wäre, einen Strick genommen und mich aufgehängt hätte. Ich wäre entronnen, und sie auch – doch auf keine andere Weise. Endlich gestand ich ihr alles. Sie schauderte und weinte und rief ihre tote Mutter zu Hilfe und fragte mich, ob ich kein Erbarmen hätte; ich konnte nur seufzen. Ich verbarg ihr nichts – ich sagte ihr, was aus ihr werden würde und was in sie eindränge, dahinein, wo einst ihr Leben gewesen war; ich benannte ihr all die Schande und all das Grauen. Der Du dies liesest, wenn ich tot bin – wenn ich denn diesen Aufzeichnungen gestatte, zu überdauern! – der Du das Kästchen geöffnet hast und gesehen, was darin liegt: Wenn Du begreifen könntest, was in diesem Opal beschlossen ist! Denn eines Nachts willigte meine Frau darin ein, das zu tun, was ich von ihr verlangte, willigte ein, während ihr die Tränen über das schöne Gesicht liefen, und die heiße Scham Nacken und Brust erröten machten, willigte ein, sich für mich diesem zu unterziehen. Ich machte das Fenster auf, und wir sahen zusammen zum letzten Mal den Himmel und die dunkle Erde an; es war eine schöne sternklare Nacht, ein leiser Wind wehte, ich küßte sie auf den Mund, und die

Tränen rannen ihr übers Gesicht. In dieser Nacht kam sie in mein Laboratorium herunter, und dort, bei versperrten und zugeriegelten Fensterläden, bei dicht vorgezogenen Vorhängen, daß selbst die Sterne vom Anblick dieses Raumes ausgeschlossen blieben, während der Schmelztiegel über der Flamme zischte und kochte, da tat ich, was zu tun war, und führte das aus dem Zimmer, was nicht länger eine Frau war. Doch auf dem Tisch flammte der Opal und funkelte mit einem solchen Licht, wie es noch keines Menschen Augen gesehen haben, und die Strahlen der Flamme darin blitzten und glitzerten und drangen bis in mein Herz. Meine Frau hatte mich nur um eins gebeten: daß ich sie dann, wenn jenes käme, von dem ich zu ihr gesprochen hatte, tötete. Das Versprechen habe ich gehalten.«

Es folgte nichts weiter. Dyson ließ das kleine Notizbuch fallen und wandte sich noch einmal dem Opal zu, dessen innerstes Licht aufflammte, und dann stieg in seinem Herzen unnennbares, unwiderstehliches Entsetzen empor, er ergriff das Juwel, warf es zu Boden und stampfte es mit den Füßen. Sein Gesicht war weiß vor Furcht, als er sich abkehrte, und einen Augenblick lang stand er schwindlig und zitternd da, um dann aufzufahren, mit einem Satz durchs Zimmer zu springen und sich an der Tür festzuklammern. Es war ein zorniges Zischen zu hören, wie wenn Dampf unter großem Druck entweicht, und wie er regungslos zusah, entsprang dem Mittelpunkt des Edelsteins langsam eine Wolke aus schwerem gelbem Rauch, der sich in Schlangenwindungen um den Stein wand. Und dann brach aus dem Rauch eine dünne weiße Flamme hervor, schoß in die Luft und verschwand, und auf dem Boden lag ein Ding wie Schlacke, schwarz und bei der Berührung zerbröselnd.

SERIE PIPER

Die schönsten Seiten des Lesens

1307

1068

1391

1127

1390

686

SERIE PIPER

Die schönsten Seiten des Lesens

1581

1504

1374

1027

1644

1128